Alice Miller

Abbruch der Schweige-mauer

Die Wahrheit der Fakten

Hoffmann und Campe

CIP-Titelaufnahme der Deutschen Bibliothek

Miller, Alice:
Abbruch der Schweigemauer / Alice Miller.
– 1. Aufl. – Hamburg : Hoffmann u. Campe, 1990
ISBN 3-455-08364-1

Copyright © 1990 by Hoffmann und Campe Verlag, Hamburg
Schutzumschlaggestaltung: Lo Breier
Satz: Fotosatz Otto Gutfreund, Darmstadt
Druck und Bindung: Clausen & Bosse, Leck
Printed in Germany

Inhalt

III
Der Verzicht auf Heuchelei

Vorwort

*D*ie Wahrheit über die Kindheit, wie viele von uns sie erleiden mußten, ist unfaßbar, empörend, schmerzhaft, nicht selten monströs und immer verdrängt. Diese Wahrheit auf einmal zu erfahren und dieses Wissen zu integrieren ist schlicht und einfach unmöglich, auch wenn wir uns das sehnlichst wünschen. Die Fähigkeit des menschlichen Organismus, Schmerzen zu ertragen, ist zu seinem Schutze begrenzt, und alle Versuche, die diese Grenze mißachten und die Verdrängung gewaltsam aufheben, haben nur negative und oft gefährliche Wirkungen, wie jede andere Form von Vergewaltigung auch.

Die Folgen eines traumatischen Erlebnisses wie etwa einer Mißhandlung können nur aufgelöst werden, wenn alle traumatischen Facetten dieses Erlebnisses in einer behutsam aufdeckenden Therapie erlebt, artikuliert und verurteilt werden konnten.

In den letzten Jahrzehnten gab es verschiedene gefährliche Versuche, die Folgen von Kindheitstraumatisierungen auf gewaltsame Art zu beheben, die alle gescheitert sind und scheitern mußten. Die Behandlungen mit LSD, Hypnose und isolierten Geburtserlebnissen führten nicht nur nicht zur Integration der persönlichen Wahrheit, sondern sehr häufig zur verstärkten Flucht vor ihr in neue Formen der

Abwehr wie Ideologien, Süchte und andere Arten der Verleugnung.

Viele junge Menschen, die mit psychedelischen Drogen experimentierten, aus Neugier und aus Not, haben eine extrem beängstigende, zugleich entmutigende und höchst irreführende Erfahrung gemacht, die ihnen später den Zugang zu einer wirksamen, aufdeckenden Therapie verbaut hat. Sie sahen sich in bestimmten Situationen plötzlich, unvorbereitet, dem Grauen ihrer Kindheit schutzlos ausgeliefert, dies auch noch in symbolischen Bildern, ohne Bezug zur Realität, und auf keinen Fall wollten sie sich später *diesen* Erfahrungen erneut aussetzen. Eigentlich mit Recht. Aber sie wissen nicht, daß das, was sie erlebt hatten und was ihnen zuweilen als Therapie verkauft worden war, eigentlich das Gegenteil einer Therapie war: eine Traumatisierung, die die Verwirrung der Kindheit mit Hilfe von symbolischen Inhalten zementierte und eine starre, schwer auflösbare Version ihrer Kindheit zurückließ.

Die Konsequenzen solcher Erfahrungen sind sehr bedauerlich, denn die Betroffenen vertrauen nun lieber der Lüge der Sucht, der Medikamente oder der falschen Theorien als der Wahrheit. Sie ahnen nicht, daß sie in einem langsamen Prozeß durchaus die Wahrheit ertragen *könnten* und daß nur diese ihnen auf Dauer helfen kann.

Wir bauen hohe Mauern, um uns vor den schmerzhaften Fakten abzuschirmen, weil wir nie gelernt haben, daß und wie wir mit diesem Wissen leben können. „Warum sollten wir?" könnte man fragen. „Was vergangen ist, ist vergangen. Warum sollten wir uns damit befassen?" Die Antwort auf diese Frage ist sehr komplex. Ich versuche in diesem Buch anhand verschiedener Beispiele zu zeigen, weshalb wir sowohl als Individuen als auch als Gesellschaft nicht auf die Wahrheit über die eigene Kindheit verzichten können noch dürfen.

Hinter der Mauer, die uns vor der Geschichte dieser Kindheit schützen soll, steht nämlich immer noch das mißachtete Kind, das wir waren und das einst verlassen und verraten wurde. Es wartet darauf, daß wir den Mut finden, es anzuhören. Es möchte von uns geschützt, verstanden und aus seiner Isolierung, Einsamkeit und Sprachlosigkeit befreit werden. Aber dieses Kind, das so lange auf unser Verständnis, auf Achtung und Zuwendung wartet, hat nicht nur Bedürfnisse, auf deren Erfüllung es angewiesen ist. Es hält auch ein Geschenk für uns bereit, das wir dringend brauchen, um wirklich zu leben, das wir nirgends kaufen können und das uns nur dieses einzige Kind in uns geben kann. Es ist das Geschenk der Wahrheit, die eine Befreiung aus dem Gefängnis der destruktiven Meinungen und etablierten Lügen bedeutet, und schließlich das Geschenk der Sicherheit, die uns die wiedergewonnene Integrität gibt. Das Kind wartet nur darauf, daß wir bereit sind, uns ihm zu nähern, um mit seiner Hilfe die Mauern abzureißen.

Viele Menschen wissen das nicht. Sie leiden unter quälenden Symptomen und fragen Ärzte um Rat, die ähnlich wie sie das so notwendige Wissen abwehren. Sie befolgen diesen Rat, lassen z. B. völlig unnötig schwere Operationen über sich ergehen oder lassen andere leiden. Oder sie konsumieren Schlaftabletten, um ja nicht von Träumen beunruhigt zu werden, die sie an das hinter der Mauer wartende Kind erinnern könnten. Aber das Kind kann sich nur in der Sprache der Schlaflosigkeit, der körperlichen Symptome und der Depressionen artikulieren, solange wir es zum Schweigen verurteilen. Tabletten und Drogen können da nicht helfen, sie können den Erwachsenen nur noch mehr verwirren.

Viele Menschen wissen auch dies nicht, aber viele wissen es seit langem und können sich doch nicht helfen. Einige spüren, daß die Verdrängung der Traumen ihrer Kindheit ihr Leben vergiftet; sie wissen, daß diese Verdrängung einst für das Kind notwendig war, um ihm das Überleben zu sichern, weil der kleine Organismus sonst an den Schmerzen hätte sterben müssen. Einige beginnen zu ahnen, daß die Aufrechterhaltung der Verdrängung im Erwachsenen zerstörerische Folgen hat. Aber sie meinen, daß man sich damit abfinden müsse, weil sie keine Alternativen kennen. Sie wissen nicht, daß es durchaus möglich ist, in einer nicht gefährlichen Weise, im Verlauf eines langsamen Prozesses, die Verdrängung der Kindheit aufzuheben und die Wahrheit ertragen zu lernen. Nicht plötzlich, nicht durch gewaltsame Eingriffe, sondern langsam, mit Rücksicht auf die jeweilige Abwehr, in einzelnen Schritten.

Auch ich habe das lange nicht gewußt. Meine psychoanalytische Ausbildung und Tätigkeit verunmöglichten mir, dieses Wissen zu entdecken. Doch seitdem ich selbst den Prozeß der langsamen Integration von einzelnen Aspekten meiner Kindheit erfahren habe, möchte ich jeden darüber informieren, der unter seinem Abgetrenntsein von den eigenen Wurzeln leidet. Mit dieser Information mußte ich so lange warten, bis die Therapie, die ich an mir selbst erprobt habe, beschrieben und publiziert wurde. Das ist nun inzwischen geschehen (Vgl. J. Konrad Stettbacher, *Wenn Leiden einen Sinn haben soll*, Hamburg 1990, Hoffmann und Campe).

10

Ich weiß aufgrund einzelner Beispiele, daß diese Beschreibung der Stettbacherschen Primärtherapie helfen konnte, wenigstens zum Teil Blindheiten abzubauen, Folgen von alten Verletzungen teilweise aufzulösen, Öffnungen zur Wahrheit zu finden und den dringend nötigen Kontakt mit dem Kind in uns herzustellen, um das verlorengegangene Bewußtsein zu erlangen.

Was für die Therapie des einzelnen gilt, gilt auch für die Entwicklung des gesellschaftlichen Bewußtseins. Auch hier kann die monströse Wahrheit über die Ursachen und Folgen von Kindesmißhandlungen und über die Brutstätten der Gewalt nicht auf einmal zugelassen werden, sondern nur schrittweise (Vgl. Alice Miller, *Am Anfang war Erziehung*, 1980; *Das verbannte Wissen* und *Der gemiedene Schlüssel*, 1988 a + b). Ich will das an einem Beispiel aus meiner eigenen Aufklärungsarbeit verdeutlichen:

Nach dem Erscheinen meiner ersten drei Bücher Anfang der achtziger Jahre wurde ich von einigen Zeitschriften und Zeitungen um einen Beitrag gebeten. Doch sobald ich ankündigte, daß ich über die Gewalt in der Familie schreiben würde, erlahmte das Interesse an einer Zusammenarbeit mit mir vollständig. Die einzige Ausnahme war die Redakteurin der Zeitschrift „Brigitte", die 1982 meinen Artikel über sexuelle Mißhandlungen von Kindern gegen die Widerstände einiger Kollegen veröffentlichen konnte. Der Artikel trug den Titel: „Die Töchter schweigen nicht mehr" und wurde später in einer Neuauflage von *Du sollst nicht merken* abgedruckt. Er berichtete vom Mut einiger amerikanischer Frauen, die Geschichten der schweren Verletzungen in ihrer Kindheit der Öffentlichkeit zugänglich zu machen, um nicht länger mit diesem schrecklichen und zerstörenden Geheimnis allein zu leben,

11

aber auch um anderen Frauen zu helfen, am Abbruch der Schweigemauer zu arbeiten, mit der sich die Gesellschaft vor dem Wissen über die Kindheit schützt. Diese Frauen haben erkannt, daß der angebliche Schutz dieser Mauer eine destruktive Wirkung auf die Überlebenden der Kindesmißhandlungen hat und daß die Zahl dieser Überlebenden mehr als die Hälfte der gesamten Bevölkerung umfaßt.

Zur damaligen Zeit war das Thema der sexuellen Kindesmißhandlungen in Deutschland ein absolutes Tabu, und die Wirkung des Artikels glich einem Dammbruch. Hunderte von Frauen aus allen sozialen Schichten schrieben an die Redaktion und an mich. Sie erzählten von brutalen Mißhandlungen in der Kindheit und von der Schweigemauer, die sie von diesen Erlebnissen und damit von einem großen Teil ihrer Persönlichkeiten trennte. Durch alle diese Briefe zog sich wie ein Refrain der gleiche Satz: „Es ist das erste Mal, daß ich darüber berichte." Ergänzend dazu schrieben die meisten: „Sie können meine Geschichte veröffentlichen, damit andere Frauen, die das erlebten, erfahren, daß sie nicht alleine damit sind, denn bis zu Ihrem Artikel habe ich immer gemeint, nur mir sei das widerfahren. Aber bitte, erwähnen Sie auf keinen Fall meinen Namen." Die meisten dieser Frauen waren verheiratet, Mütter von mehreren Kindern, viele von ihnen hatten „Therapien" hinter sich, aber weder mit dem Ehemann noch mit den Therapeuten wagten sie über das Trauma ihrer Kindheit zu sprechen. Das, was ihr ganzes Leben prägte, sie in der Phantasie weiterbedrohte, vergiftete, mußte so lange und so gründlich verschwiegen werden, weil sie in ihrer ganzen Umgebung offenbar keinen wissenden Zeugen fanden, der ihnen zumindest eine teilweise Befreiung von diesem isolierenden Geheimnis ermöglicht hätte – und sei es zunächst nur durch das bloße Sprechen über erlittene Qualen. Jede dieser Frauen kam mir damals vor wie ein kleines Mädchen vor einer riesigen Mauer, in der auch nicht die kleinste Öffnung zu finden war, die diesem Mädchen in seiner Einsamkeit ein Stück Hoffnung geboten hätte.

Seitdem hat sich vieles geändert. Zuerst wurde in Berlin die Selbsthilfegruppe „Wildwasser" gegründet, deren Beispiel viele ähnliche Gruppen im ganzen Land folgten. Sie stoßen zweifellos noch auf Widerstände, Gleichgültigkeit und Ignoranz, wenn sie auf Zuschüsse der Behörden angewiesen sind, um weiteren Kreisen von Betroffenen helfen zu können. Aber die Schweigemauer steht nicht mehr so unerschütterlich wie vor sieben Jahren – zumindest, was die sexuelle Ausbeutung der Mädchen anbetrifft.

Ohne die Hilfe der Frauenbewegung wäre diese schnelle Entwicklung kaum denkbar. Ihr vor allem ist es zu verdanken, daß die skandalöse Praxis der Gerichte immer wieder offenbar und die Öffentlichkeit auf die Einsamkeit der Opfer aufmerksam gemacht wird. Das entlarvt jene Grausamkeiten, die bisher als völlig selbstverständlich erschienen. Doch auch die Frauenbewegung konnte nicht sofort auf alle Augenbinden verzichten – was ja eigentlich auch kaum anders denkbar ist.

Um eine monströse Wahrheit aus unserer kollektiven Vergangenheit zu erkennen und zu integrieren, brauchen wir viel Zeit, wie in der Therapie. Sonst besteht die Gefahr, daß die Verdrängung noch verstärkt wird. Wir brauchen noch lange Illusionen, Stützen, Krücken, um uns immer wieder einem neuen schmerzhaften Aspekt der Wahrheit auszusetzen, bis wir das ganze Ausmaß der Situation des Kindes wahr-nehmen können.

Daher konnte die Frauenbewegung auf einige Illusionen nicht verzichten, als sie die skandalöse Tatsache der sexuellen Mißhandlungen von Mädchen zur Sprache brachte; sie brauchte vor allem die Illusion, die Mütter seien unschuldig an diesen Verbrechen. Es fiel mir auf, daß feministische Zeitschriften sich mit meinen Büchern schwertaten, weil ich nicht gewillt war, für Mißhandlungen an Kindern nur Männer verantwortlich zu machen, sondern darauf bestand, daß beide Eltern dem mißhandelten Kind Schutz und Liebe schuldig geblieben waren und daß eine beschützende Mutter Mißhandlungen nicht zugelassen hätte (Vgl. Alice Miller, 1988 a+b).

Inzwischen hat offenbar auch die Frauenbewegung eine Stufe erreicht, auf der die Illusion, nur Männer seien gewalttätig gegen Kinder, abgebaut werden kann.

Eine Feministin schickte mir die Ergebnisse ihrer Untersuchung über junge Männer, die in Gefängnissen ihre Strafen absitzen, weil sie auf der Straße Frauen überfallen und vergewaltigt haben. Die Vergewaltigung und Erniedrigung anonymer Frauen hatte überhaupt nichts mit Sexualität zu tun, obwohl man diese Männer Triebverbrecher nennt. Sie handelten aus Rache für die eigene, einst erlittene, total verdrängte Wehr- und Hilflosigkeit, die sie, auf Kosten anderer, weiterhin verdrängten.

Es stellte sich heraus, daß alle diese Männer in ihrer frühen Kindheit von ihren Müttern vergewaltigt wurden, entweder mit Hilfe von offenen sexuellen Praktiken oder durch Einläufe oder beides. Allerlei perverse Praktiken hielten das Kind ständig in Schach, ohne daß es die mindeste Chance gehabt hätte, sich dagegen zu wehren.

14

Noch vor 30 Jahren galten Einläufe als medizinische Maßnahme, obwohl sie im Grunde eine Vergewaltigung waren, eine Maßnahme, die die natürliche Darmtätigkeit des Kindes unter der Kontrolle des Erwachsenen halten sollte. Dies klar zu sehen und diese Form destruktiven Verhaltens entlarven zu können, setzt ein offenes Bewußtsein der Soziologin voraus. Glücklicherweise mußte diese Frau die Mütter nicht schonen, brauchte die Wahrheit also nicht zu verschleiern.

Ich bin weit davon entfernt, mit diesem Hinweis auf die Vergangenheit des Täters seine Tat entschuldigen zu wollen. Denn das verbrecherische Ausagieren ist keine Notwendigkeit. Es könnte vermieden werden, wenn diese Männer bereit wären, ihre Verdrängung aufzugeben. Sie sind nicht dazu bereit, und sobald sie Väter geworden sind, können sie die Rache an ihren Müttern sogar unbehelligt ausüben: in ihren vier Wänden, an Frau und Kind, nun ohne daß die Polizei einschreitet.

Ihre Taten müssen beim Namen genannt werden, genauso wie die Taten ihrer Eltern, Großeltern und der Millionen Ausbeuter von Kindern in früheren Generationen, deren Produkt diese Vergewaltiger sind. Auch ihre perversen Mütter waren schon ein Produkt dieser verhängnisvollen Ereigniskette.

Damit das jahrtausendealte Verbrechen der Kindesmißhandlung nicht länger sein Unwesen treiben kann unter verharmlosenden Etiketten wie: Tradition, Normalität, Erziehung zu „deinem Besten", muß, zumindest auf der kognitiven Ebene, der Zugang zur *ganzen* Wahrheit gewährleistet werden. Diesen Zugang versuchen die folgenden Kapitel dem Leser zu vermitteln, immer aus anderem Blickwinkel, um ein bestimmtes Thema kreisend, damit

15

einzelne Öffnungen in der Mauer gefunden werden, durch die sich ein freier Blick bietet. Was ist schon ein Blick, könnte man fragen, das kann doch kaum genügen? Gewiß, ein Blick kann die eigene Therapie nicht ersetzen. Aber er kann den Sinn dafür wecken, wie es diesseits der Mauer aussieht, und er kann vor allem die gesunde Neugier aufs Leben wecken.

Diese Funktion hatte bei mir das spontane Malen, mit dem ich 1973 begann. Ohne diese Erfahrung hätte ich kaum den Mut gefunden, mich einer neuen Therapie auszusetzen (Vgl. Alice Miller, 1985 + 1988 b).

Menschen, die nur die Schweigemauer kennen, klammern sich an diese Mauer, verhalten sich so, als böte sie ihnen die Rettung vor allen Ängsten. Aber Menschen, die einmal durch eine Öffnung geschaut haben, können die Existenz dieser sinnlosen Mauer nicht länger ertragen. Sie können sich nicht vorstellen, jemals wieder so zu leben wie zuvor, ohne das jetzt erlangte Bewußtsein, weil sie realisiert haben, daß das, was sie früher ihr Leben nannten, gar kein Leben war. Zu ihrer Tragik und zu ihrem Schicksal gehörte, dies so lange nicht gemerkt zu haben. Diese Tragik möchten sie den anderen ersparen, soweit dies möglich ist. Sie möchten die anderen informieren, wie deren Leiden entstanden und daß es auflösbar ist. Sie möchten die anderen wissen lassen, daß das Leben, *jedes* Leben, viel zu kostbar ist, um versäumt, vergeudet oder weggeworfen zu werden. Und daß es sich lohnt, die alten Schmerzen zu fühlen, um frei von ihnen zu werden – für das Leben.

I

Öffnungen und Durchblicke

Evas Initiative

*I*ch möchte zu Beginn die Geschichte einer Frau von Mitte dreißig erzählen, die mir geschrieben hat und die am Entstehen dieses Buches, vor allem des Kapitels I,5 beteiligt war, ohne dies eigentlich zu wissen. Ich erhielt zwar ihre Zustimmung, den Inhalt ihres Briefes zu verwenden, werde aber ihren Namen unerwähnt lassen. So habe ich beschlossen, sie Eva zu nennen.

Was ich über Evas Geschichte erfuhr, gleicht, zumindest anfänglich, den vielen Geschichten, von denen ich beinahe täglich erfahre: Mißhandlungen und Verwirrungen in der Kindheit neben Härte, Ignoranz und Gleichgültigkeit der Eltern, die diese Behandlung als gottesfürchtige Erziehung bezeichneten. Später Sucht, Selbstmordversuche, zwei gescheiterte Ehen, drei mißlungene Therapien, gelegentliche kurze Klinikaufenthalte, neue Verwirrung durch Medikamente, Entziehungskuren, eine einzige Kette von Elend. Und mittendrin ein eigenes Kind, ein neues Opfer, denn diese Frau kann nicht Mutter sein, solange sie nicht für das verwahrloste, mißhandelte und ignorierte Kind, das sie selbst ist, Mutter geworden ist. Schließlich hat sie es, mit Hilfe einer aufdeckenden Therapie, geschafft, sowohl ihr eigenes Leben als auch ihre Mutterschaft, das heißt die Zukunft ihres Kindes, zu retten.

Darin unterscheidet sich ihre Geschichte von den vielen anderen, die ich zu lesen bekomme. Sie hat es geschafft, weil sie das, was ihr geschehen ist, aus der Verdrängung geholt hat, Schritt für Schritt, in einem langen Prozeß. Sie hat jahrelang daran gearbeitet und wird, wie sie schreibt, ihr Leben lang für weitere Aspekte ihrer Vergangenheit offenbleiben, die ihr bewußt werden können und die sie integrieren wird. Aber bereits diese ersten Jahre der Therapie haben ihr ermöglicht, sich von ihrer Sucht zu befreien, ihre Blindheit aufzugeben und sich und ihr Kind zu schützen. Sie will ihrer beider Leben nicht länger zerstören, und das kann ihr jetzt gelingen. Denn die Sucht war der Preis für die Illusionen, ohne die sie früher nicht leben zu können glaubte. Jetzt kann sie es.

Die Arbeit daran, ihre wahre Geschichte zu erkennen, war in den ersten Jahren deshalb so schwer, weil sie sich immer wieder weigerte zu glauben, daß Eltern fähig sind, aus Ignoranz gegenüber der *eigenen* Geschichte ihre Kinder permanent zu quälen, ohne daß jemand dies zu verhindern sucht. Aber ihr Körper, ihre Gefühle, ihre Träume hörten nicht auf, ihr von Fakten zu berichten – sobald sie sich mit der Wahrheit eingelassen hatte, sobald sie bereit war, diese Zeugnisse ernstzunehmen und ihnen nicht länger durch ihren Alkoholismus auszuweichen.

Ihr Erstaunen über die unerwartete Veränderung in ihrem Leben weckte in ihr den Wunsch, die Öffentlichkeit über das Wissen zu informieren, das ihr in dieser Therapie zuteil geworden war, denn es wurde ihr immer deutlicher, daß sie mit ihrem Schicksal nicht allein stand. Da Eva früher Journalistin gewesen war, dachte sie daran, Filme für das Fernsehen zu produzieren, die die Situation des mißhandelten Kindes aus dessen Perspektive sichtbar machen würden. Sie hatte an das Interesse der zuständigen Leute in den Redaktionen geglaubt, weil sie von der Allgemeingültigkeit des nun gewonnenen Wissens überzeugt war. Aber gerade darin liegt, nach meiner Erfahrung, die Schwierigkeit. Eva unterschätzte den Widerstand, die Verdrängung, die bei jedem einzelnen Menschen wirksam ist. Auch ich stoße bei meinen Kontakten mit verantwortlichen Vertretern der Medien immer wieder auf die Folgen dieser Verdrängung, sogar dann, wenn sie meine Beiträge ausdrücklich wünschen. (Vgl. *Das verbannte Wissen*, I,5) Lieber verzichten sie auf Informationen, die für uns und für die kommenden Generationen von lebenserhaltender Bedeutung sind, als ein Wagnis einzugehen. Sie halten sich an überkommene, lebensfeindliche Meinungen, um ja nicht gezwungen zu sein, die eigenen Eltern in Frage zu stellen.

Mit dieser Tatsache hatte Eva nicht gerechnet. Sie hat zwar in ihrer Therapie erfahren, welche massiven Widerstände sie selbst der Einsicht in das zerstörerische Verhalten ihrer Eltern entgegengesetzt hatte. Lieber hätte sie die größten Anstrengungen auf sich genommen, meinte sie, als die unfaßbare Wahrheit über ihre Kindheit zu sehen und auszuhalten. Aber die Gewißheit, die Erfahrung, daß ihr Körper mit jedem Stück Wahrheit gesünder und suchtfreier wurde, das sie wagte, zu fühlen und ins Bewußtsein gelangen zu lassen, führte dazu, daß sie ihre einstigen Widerstände beinahe vergaß. Dies verleitete sie dazu, an die Offenheit der anderen zu glauben. Sie wollte mit Hilfe ihrer eigenen Geschichte den Süchtigen sagen dürfen, daß es einen Ausweg gibt, daß sie sich nicht mehr zu zerstören brauchten, nur um blind zu bleiben. Denn das Wissen tötet nicht, sondern befreit.

Ihre Gespräche mit Vertretern der Medien, denen sie ihre Pläne mitteilte, zeigten ihr schnell, daß ihre Hoffnung eine Illusion war, wenn auch nicht eine der gefährlichen Illusionen über ihre Kindheit, die sie in die Sucht getrieben hatten. Denn jetzt, mit offenen Augen, konnte sie die Illusionen korrigieren, mußte sich nicht an Menschen halten, die sich gegen die Wahrheit sträubten. Später traf sie auch andere, die ihre Erfahrungen bestätigten. Aus den Redaktionen hörte sie z. B. oft, daß man das Thema der Kindesmißhandlungen bereits vor einem Jahr behandelt habe; daher müsse man wieder ein Jahr warten, man könne das gleiche Thema nicht „zu häufig" bringen.

Eva glaubte zu träumen. Sie dachte: „Es geht doch nicht um eines der vielen ‚Themen‘ wie etwa ein x-beliebiges Tennis-Finale oder die Erforschung der Pyramiden, die heute mit immensem technischem Aufwand betrieben wird. Weshalb wird nie darüber berichtet, daß in der Antike und im frühen Mittelalter die Hälfte aller Babys zu Ammen gegeben wurde, wo die Hälfte von ihnen starb, und daß die Ammen aus diesem Grund Engelmacherinnen genannt wurden? Warum ist die Pharaonenforschung so viel wichtiger als die Information, daß Kindermord von Beginn an zu unserer Kultur gehörte und daß wir von diesem Erbe noch lange nicht frei sind? Warum sind diese Informationen nur in wenigen Spezialuntersuchungen zu finden, aber nicht in den Medien? Weshalb nennen verantwortliche Politiker das Projekt einer professionellen Beratungsstelle für sexuell mißhandelte Frauen ‚größenwahnsinnig‘? Es geht doch um unsere Zukunft, um die Aufklärung über die Ursprünge des menschlichen Elends und die Überwindung mittelalterlichen Denkens, um die Aufhebung der Ignoranz, die dreißig Jahre meines eigenen

Lebens zerstörte und die weiterhin andere zerstört. Genau das will ich doch verhindern. Kann es sein, daß so wenige Menschen daran interessiert sind? Ich fühle mich verantwortlich, mitverantwortlich, wenn ich dieser Zerstörung nicht entgegenwirke, obwohl ich die Wahrheit kenne. Kann man dies als eines der vielen ‚Themen' bezeichnen? Geht es nicht um die Grundlage unseres Daseins? Gehen wir nicht an unserer Ignoranz zugrunde? Ich will euch zeigen, daß euer Widerstand, das neue Wissen aufzunehmen, nicht eine harmlose Unterlassung ist, sondern eine Entscheidung für die Zerstörung des Bewußtseins und schließlich des Lebens, ob sie nun bewußt oder unbewußt getroffen wurde."

Ähnlich wie Eva geht es vermutlich anderen Menschen, die ich wissende Zeugen nenne, Menschen, die sich für die Wahrheit über die Kindheit einsetzen. (Vgl. *Das verbannte Wissen*, S. 214 ff.) Eva wollte nicht so schnell aufgeben. Sie war sogar bereit, um einen ganz konkreten Einblick zu vermitteln, Teile ihrer eigenen Geschichte preiszugeben, um junge Menschen von der Sucht abzuhalten. Doch ihre Gesprächspartner in den Medien befürchteten, dies könne als Larmoyanz verstanden werden. Schließlich habe jeder etwas einstecken müssen, Selbstmitleid und Opferhaltung seien nicht gefragt. Erinnert an die Sprache ihrer Eltern, verließ Eva schließlich die Redaktionsbüros. Sie nahm Kontakt auf mit der Organisation *Eppoch* (End Physical Punishment of Children), die ähnliche Ziele wie sie verfolgt und die sich in England für eine neue Gesetzgebung einsetzt, um das Bewußtsein, daß Kindesmißhandlungen ein schweres Verbrechen sind, zu wecken. Sie hat auch an mich geschrieben und mir vorgeschlagen, eine Bürgerinitiative in der Schweiz und in Deutschland zu gründen.

Meine Antwort auf ihren Brief ist dieses Buch. Ich bin überzeugt, daß die Bürgerinitiative und sonstige Bemühungen Evas und anderer Menschen weitergehen werden und daß niemand mehr, trotz aller Ignoranz, sie heute daran hindern kann, ihre Aufklärungsarbeit fortzusetzen. Das vorliegende Buch ist auch ein Beweis dafür, daß man mit solchen Initiativen andere Menschen anregen kann, sich zu äußern unbd ihrerseits zu berichten.

Die Teile dieses Buches sind, obwohl sie unterschiedlichen Anlässen ihre Entstehung verdanken, sehr eng miteinander verbunden. Sie kreisen alle um die Thematik, die im vorangehenden Beispiel angedeutet ist: Der Mut zur Veränderung entsteht aus der bewußt gewordenen und verarbeiteten Wut über das, was lebenszerstörend war und ist.

Die unmittelbare Anregung zum Kapitel I,5 erfolgte durch die Zuschrift Evas, die sich darüber empörte, daß führende deutsche Zeitungen meine Enthüllungen über die verschwiegenen und verborgenen Verbrechen an Kindern mit Vorliebe als „larmoyant" etikettierten. Der Zorn dieser Leserin auf den „Schwachsinn der Presse", wie sie sich ausdrückte, machte mir bewußt, daß ich mich zu diesem Thema öffentlich äußern muß, indem ich auf mir bekannte Fakten zurückgreife, um meine Aussagen zu dokumentieren.

Es wurde mir klar, daß ich mich einer Verantwortung entziehe, solange ich auf Worte wie „Larmoyanz" gar nicht reagiere, nur, weil ich mir deren Ursprung ohne weiteres erklären kann. Natürlich kann ich einem Autor seine Ignoranz nachsehen, wenn ich ihn als geohrfeigtes Kind sehe und mir vorstellen kann, wie er zum Nichtfühlen und Nichtmerken erzogen wurde. Aber als Mitglied der Gesell-

schaft, die unter anderem am Gebrauch solcher destruktiven Techniken zugrunde gehen kann, muß ich Stellung
beziehen. Denn die Verhöhnung des menschlichen Mitgefühls gegenüber erlittener Grausamkeit kann andere einst
geschlagene Kinder, die bereits anfangen zu fühlen und zu
merken, davon abhalten, ihre Stimme zu erheben und
über Erlebtes zu berichten. Sie verstärkt die Mauern des
Schweigens, die doch so schnell wie möglich abgebrochen
werden müssen.

Aus dem Gefängnis
der Verwirrung

Die erste Erfahrung der Schweigemauer machte ich in meiner Kindheit. Meine Mutter pflegte mich tagelang anzuschweigen, um mir auf diese Weise ihre absolute Macht zu demonstrieren und meine Folgsamkeit zu erzwingen. Sie benötigte diese Macht, um ihre eigene Unsicherheit vor sich selbst und vor den anderen zu tarnen, aber auch, um sich der Beziehung mit ihrem Kind, das sie niemals wollte, zu entziehen. Die Bedürfnisse, Fragen, Angebote des kleinen Mädchens prallten an dieser Mauer ab, ohne daß meine Mutter sich für diesen Sadismus zu verantworten brauchte, denn sie definierte ihr Verhalten als eine gerechte, weil verdiente Strafe für begangene Vergehen, als ihre Pflicht, mir eine „Lektion" zu erteilen.

Es war schrecklich für dieses Kind, das lange keine Geschwister hatte, dessen Vater es nie in Schutz nahm und selten zu Hause war, das lange und konsequente Schweigen der Mutter auszuhalten. Aber noch quälender als das Schweigen selbst war die permanente, hoffnungslose Anstrengung des Kindes, den Grund seiner Qualen endlich herauszufinden. Ähnlich wie in Kafkas *Strafkolonie* wurde nämlich der kleinen Angeklagten ihr strafbares Vergehen überhaupt nicht erläutert. Diese Unterlassung enthielt die

Botschaft: Wenn du nicht einmal weißt, womit du die Strafe verdient hast, bist du ja ohne Gewissen. Suche, forsche, strenge dich an, bis dein Gewissen dir sagt, welche Schuld du auf dich geladen hast. Erst dann kannst du *versuchen*, dich zu entschuldigen, und je nach Laune der Machthaberin wird dir, wenn du Glück hast, *vielleicht* verziehen.

Habe ich gewußt, daß mein Leben in einem totalitären Regime begann? Wie hätte ich es wissen können? Ich habe nicht einmal gewußt, daß ich grausam und sadistisch behandelt wurde. Das hätte ich niemals zu denken gewagt. Eher zweifelte ich an der Richtigkeit meines Gefühls, ungerecht behandelt und mißachtet zu werden, als daß ich meine Mutter in Frage gestellt hätte. Zudem kannte ich keine anderen Mütter, konnte keine Vergleiche anstellen, und da sich meine Mutter ständig als aufopfernd und pflichtbewußt bezeichnete, wollte ich ihr all das glauben. Ich mußte ihr auch glauben, denn die Kenntnis der Wahrheit hätte mich umgebracht.

Also konnte nur meine Bosheit schuld daran gewesen sein, meinte ich, wenn Mama nicht mit mir sprach, meine Fragen unbeantwortet ließ, meine Bitten um Erklärung ignorierte, meinen Blicken auswich und meine Liebe mit Kälte erwiderte. Wenn Mama mich haßt, muß ich doch hassenswert sein, denkt ein Kind.

Die Erinnerung an die Isolierung jener Tage, an die Einsamkeit des Kindes, das verzweifelt nach den Gründen der ihm auferlegten Strafe sucht, blieb beinahe sechzig Jahre lang in mir vollständig verdrängt. Das kleine Mädchen, das um jeden Preis die Absurditäten seiner Mutter verstehen wollte, um sein Schicksal endlich verändern zu können, um die Mutter, die es brauchte, endlich zum

Sprechen zu bringen, habe ich damals verraten. Ich habe es verraten *müssen,* weil niemand mir geholfen hat, die Wahrheit zu sehen und sie auszuhalten, weil niemand mir geholfen hat, Grausamkeiten zu verurteilen. Meine einsame Suche nach meiner Schuld setzte ich fort in den Labyrinthen der abstrakten Begriffe, die nicht so weh taten wie die nackten Fakten und die mir einen Ersatz für die vermißte Orientierung versprachen. Die Gefühle des kleinen Mädchens wurden verdrängt, bevor sie ins Bewußtsein dringen konnten, weil deren Intensität das Kind umgebracht hätte. Erst in den letzten Jahren, dank der Therapie, die mir die schrittweise Aufhebung der Verdrängung ermöglichte, konnte ich es mir leisten, die Schmerzen, die Verzweiflung und die ohnmächtige, berechtigte Wut des betrogenen Kindes zum erstenmal bewußt zu erleben. Erst dann wurde mir das ganze Ausmaß dieses Verbrechens an dem Kind, das ich einmal war, klar. Es ist mit keiner der Grausamkeiten zu vergleichen, die mir in meinem späteren Leben widerfuhren.

Dem Phänomen der Schweigemauer begegnete ich zwar auch später, als Erwachsene, aber ich war ihm niemals in diesem totalitären Sinn ausgeliefert. Ich konnte dieses Phänomen ausmachen, beurteilen, verurteilen, mußte mich nicht dadurch verwirren lassen, konnte mich gegen ungerechte Anschuldigungen wehren, die nötige Hilfe suchen, war nicht zur Blindheit verurteilt. Es kam immer wieder vor, daß ich auf Menschen stieß, die ihr Inneres mehr oder weniger verriegelt hatten und zu einem offenen Austausch von Gefühlen und Gedanken unfähig waren. Ich machte dann häufig die Erfahrung, daß sie ihre aus der Panzerung entstandene emotionale Unsicherheit mit

Macht zu kompensieren suchten. Das Ausweichen vor Fakten, die Verschanzung mit Hilfe des Schweigens schienen ihr einziger Schutz zu sein.

Doch wenn ich an all diese Begegnungen mit der Schweigemauer zurückdenke, ob sie nun schmerzhaft, irritierend, empörend oder nur bedauernswert waren, keine von ihnen war so bedrohlich und so zerstörerisch wie das Schweigen meiner Mutter zur Zeit meiner totalen Abhängigkeit von ihr. Als Erwachsene konnte ich, falls es mir wichtig war, den Schweigenden mit Fragen und Fakten konfrontieren, sein Verhalten beobachten, meine Urteile überprüfen; oder aber ich konnte auf die Beziehung verzichten, weil ich Zugang zu anderen Menschen hatte, die mich nicht anschwiegen, die sich solche Rechte mir gegenüber nicht herausnahmen. Doch als Kind hatte ich diese Wahl nicht.

Ich konnte nicht sagen: Ich suche mir eine andere Mutter, eine offene Frau, die mich achtet, mit mir redet, die mir erklärt, was mit ihr los ist, die es *weiß*, weil sie bewußt lebt, die mich nicht ständig wie Luft behandelt. Als Kind hatte ich keine andere Möglichkeit, als mich anschweigen zu lassen, die Schuld bei mir zu suchen, blind für die Verlogenheit und Herrschsucht meiner Mutter zu werden – und dann später zu versuchen, den Verlust meiner Wahrheit mit philosophischen Spekulationen über die „Unerkennbarkeit der Wahrheit" auszugleichen. Weil die Wahrheit der Fakten so brutal und so unfaßbar war, mußte ich sie leugnen. Für diesen Ausweg habe ich einen sehr hohen Preis bezahlen müssen, nämlich die Einschränkung meines vollen Bewußtseins und die Besetzung durch Schuldgefühle.

Seitdem ich meine Wahrheit kenne, weiß ich, daß unzähligen Menschen ähnliches widerfahren ist, auch wenn sie die Fakten nicht oder noch nicht erinnern können. Einige können es offenbar doch, und Berichte über Kindesmißhandlungen häufen sich nun in der ganzen Welt. Die Berichterstatter erfahren zwar manchmal Bestätigung durch jene, die zwar selber bisher nicht gewagt haben zurückzuschauen, weil dies ihnen von allen Seiten ausgeredet wurde, und die erst jetzt durch diese Darstellungen ermutigt wurden, sich mit der Geschichte ihrer Kindheit zu konfrontieren. Doch sie stoßen häufig auch auf eine Mauer aus kaum faßbarer Ignoranz, die gerade in den Kreisen der Intellektuellen sehr schwer zu durchbrechen ist, weil diese sich mit Theorien gegen die Rückkehr des Verdrängten gewappnet und sich dahinter verbarrikadiert haben. Allerlei überkommene und bisher nicht entlarvte Lügen lassen sich zu Systemen und Lehrgebäuden stilisieren, die ungestört an Universitäten gelehrt werden können, solange die Studenten die Liquidation der Wahrheit schweigend und kritiklos tolerieren.

Es ist mir bekannt, daß Studenten, die sich in ihren Abschlußarbeiten mit dem Thema der Kindesmißhandlungen befassen wollten, bei den Besprechungen vorwiegend entmutigende Erfahrungen mit ihren Professoren machen mußten. Die konsultierten Professoren wechselten rasch das Thema, wichen aus, wurden verlegen oder spöttisch und rieten in der Regel von der Wahl dieses Themas ab. Wenn die Studenten es trotzdem nicht aufgeben wollten, mußten sie u. U. mit Schikanen rechnen. Wie sie diese verkraften konnten, hing von ihrer eigenen persönlichen Entwicklung ab, die bei dieser Thematik eine sehr wichtige Rolle spielt und sich nicht in intellektueller Gewandtheit erschöpfen darf.

In einem Manuskript, das leider seit Jahren in einem Verlag auf eine Veröffentlichung wartet, beschrieb Lloyd de Mause das Schicksal eines brillanten Wissenschaftlers, dessen pionierhafte Arbeit über Kindheit in den USA in den letzten zwei Jahrunderten (vgl. Glenn Davis, *Childhood and History in America*, New York 1976) von der Fakultät und der Presse so verspottet wurde, daß dieser schließlich Selbstmord beging. Er war so verzweifelt, daß seine Belege von den Autoritäten, den Vaterfiguren, ignoriert wurden, daß er sich das Leben nahm. Hätte er seinen eigenen Vater in Frage stellen dürfen, wäre er in der Lage gewesen, die Angst der anderen zu durchschauen. Er hätte auf ihre Zustimmung verzichtet, ohne sich dann umbringen zu müssen. Doch in den fünfziger Jahren war dies noch schwerer, als es heute ist.

Solche und ähnliche Schikanen offenbaren die destruktive Rolle der Verdrängung im Leben des Erwachsenen und im Wirken vieler Intellektueller. Es ist kaum zu glauben, daß es in der ganzen Welt meines Wissens immer noch keine einzige Fakultät gibt, an der über Folgen von seelischen Verletzungen in der Kindheit geforscht und gelehrt würde. Ist diese Situation nicht erstaunlich, wenn man bedenkt, daß fast jeder von uns Opfer von verborgenen oder manifesten Mißhandlungen war, die häufig harmlos „Erziehung" genannt wurden? Und daß jeder von uns Bände darüber erzählen könnte, wenn er die Schweigemauer in sich nicht tolerieren würde, wenn er zu fühlen wagte?

Allzu viele Menschen haben Grund, die quälenden Erlebnisse der Kindheit nicht erinnern zu wollen. Sie fürchten die Rache ihrer Eltern, wenn sie die Wahrheit zulassen sollten, und halten krampfhaft an dem Grundsatz fest, daß es angeblich nicht eine Wahrheit geben könne, sondern nur mehrere. Die Wahrheit der Fakten scheint ihnen gar kein Begriff zu sein. Man sieht: Alles ist möglich, wenn man die Wahrheit der Fakten fürchtet, sie nicht sehen will und über ein Arsenal von Scheinbegriffen verfügt, von denen man sich täuschen und beruhigen läßt. Doch das dürfte andere nicht daran hindern, diese Täuschung zu durchschauen.

Spekulationen im Dienste der Verdrängung kennen keine Grenzen. Da sowohl die Täter als auch die Opfer an der Verdrängung interessiert sind, ohne zu wissen, welchen Preis sie dafür zahlen, werden vielleicht manche Philosophen in hundert Jahren Hypothesen aufstellen, ob es Hiroshima oder Auschwitz je gegeben habe. Wer aber die Erfahrung gemacht hat, daß die im Körper gespeicherte Wahrheit auffindbar und mit erstaunlicher Präzision überprüfbar ist, wird sich nie mehr mit Ausreden, Ausflüchten und Ersatz-„Wahrheiten" zufriedengeben.

Ausgestattet mit der Erfahrung meiner Wahrheit, schaue ich mir die bestehenden Schweigemauern an und beschreibe sie in meinen Büchern. Viele Menschen atmen erleichtert auf, sie fangen ebenfalls an, sich umzuschauen, und fragen zuerst zaghaft: Darf ich meinen Erinnerungen wirklich trauen, meinem Körper, meinen Sinnen? Muß ich wirklich nicht länger glauben und behaupten, daß schwarz weiß ist und weiß schwarz?

Seine Sinne und Gefühle nicht mehr betrügen zu müssen, sich von der Wahrheit der Fakten durch keine Ideologie abbringen zu lassen, heißt, bereits am Abbau der lebenszerstörenden und menschenverachtenden Schweigemauer mitzuwirken, die wir als Kinder zu respektieren lernen mußten und die immer wieder faschistisches Verhalten hervorgebracht hat.

Der Faschismus macht jedes Verbrechen möglich, weil er sich anmaßt, Leben zerstören zu dürfen, ohne Rechenschaft dafür ablegen zu müssen. *Er* erklärt, was nicht lebenswert ist, und vernichtet, was sich nicht anpaßt. Menschen, die als Kinder nur die Sprache der Gewalt gelernt haben, akzeptieren sie als die einzig normale, ob sie nun später zu Opfern oder Tätern dieses Systems werden. Doch es gibt immer mehr Jugendliche, die sich für das Leben einsetzen und nicht für die Zerstörung. Sie werden sich für die Wahrheit der Fakten und nicht für Ideologien entscheiden. Sie werden vor dem Drill, der Unterwerfung, der brutalen Anmaßung warnen, bevor es für alle Warnungen zu spät ist. Sie werden zerstörerische Töne sensibler wahrnehmen als mancher angeblich erfahrene Politiker, der die Lügen seiner brutalen und verlogenen Erziehung immer noch in hohen Ehren hält, weil sie ihm von einer langen Tradition als richtig und notwendig ausgegeben wurden.

Die Abschaffung der Schweigemauer, auf die das Thema der Kindesmißhandlungen stößt, markiert erst den Anfang einer längst fälligen Entwicklung. Sie schafft erst die Voraussetzungen für die Befreiung der Wahrheit aus dem Gefängnis der lebensfeindlichen Meinungen und etablierten Lügen. Doch zur Entfaltung der Wahrheit, zum Einsatz der Wahrheit im Dienste des Lebens bedarf es mehr als nur des statistischen Wissens um die Fakten. Es gibt z. B. Menschen, die ohne weiteres sagen können: Ich wurde in meiner Kindheit ständig verdroschen. Trotzdem sind sie von ihrer Wahrheit meilenweit entfernt, weil sie sie nicht fühlen können. Es fehlt ihnen das Bewußtsein, das emotionale Wissen darüber, was es ihnen *ausgemacht* hat, als kleines, wehrloses Kind von wutentbrannten Erwachsenen gepackt und geschlagen zu werden. Sie sagen: „verdroschen", und damit identifizieren sie sich mit dem ahnungslosen, destruktiven, dreinschlagenden Erwachsenen, der das Kind mißachtet, vergewaltigt, zerstört, ohne dies wissen zu wollen, der sich nicht im geringsten um die Folgen dieser Verletzungen kümmern will. Auch Adolf Hitler leugnete nicht, daß er geschlagen wurde. Er leugnete nur die erlittenen Verletzungen, er verleugnete durchwegs seine Gefühle und wurde deshalb zum millionenfachen Mörder. Es wäre nicht dazu gekommen, wenn er seine Situation, seine Wahrheit der Fakten gefühlt und beweint hätte, wenn er seinen begründeten Haß auf die Verursacher seiner Not nicht verdrängt, sondern bewußt erlebt und verstanden hätte, statt diesen Haß in einer Ideologie zu pervertieren. Das gleiche gilt für Stalin, Ceaușescu und all die anderen geschlagenen und gedemütigten Kinder, die später zu Tyrannen und Verbrechern wurden.

Die Rückkehr der Wahrheit kündigt sich erst da an, wo die Position gewechselt wird, wo das Wort „verdroschen" sich selbst denunziert als Zeugnis der Verachtung und Entwürdigung des Kindes. Erst wenn ein Mensch bereit ist, die Gefühle des geschlagenen Kindes, das er einst gewesen ist, zu fühlen und den Spott und Zynismus des Erwachsenen abzulehnen und zu verurteilen, hat er die Schranke zur Wahrheit überwunden. Und dann kann er auch nicht mehr zur Gefahr für andere Menschen werden.

Der Kampf mit dem Gedächtnis
in der Psychiatrie

*I*ch habe mich im *Gemiedenen Schlüssel* (1988a) ausführlich mit dem tragischen Schicksal Friedrich Nietzsches befaßt und möchte hier an diesem Beispiel zeigen,
was einem Menschen auch heute noch widerfahren kann,
wenn sein ganzes intellektuelles Abwehrgebäude, wie es
bei Nietzsche der Fall war, plötzlich zusammenbricht. Das
geschieht nicht selten, denn das im Körper und im Unbe-
wußten gespeicherte Wissen über die in der Kindheit
erfahrenen Mißhandlungen läßt sich nicht immer ein
Leben lang unterdrücken. Da die Fachleute, die professionellen Helfer, nicht nur in ihrer eigenen Kindheit, sondern
auch noch in ihrer Ausbildung gelernt haben, diese Tatsache und die Wahrheit über Kindesmißhandlungen zu
ignorieren, haben sie offenbar keine Ahnung davon, daß
sie in ihrer Praxis Tag für Tag mit nichts anderem umgehen
als mit den Folgen der in der Kindheit erfahrenen Traumatisierungen.

Nietzsches Tragödie war sicher kein Einzelschicksal; wer
kennt nicht ähnliche? – ein gequältes Kind, das sich nicht
wehren darf, dem es verboten ist, zu weinen, zu schreien,
wütend zu sein, einfach zu leben, von dem nur Gehorsam
und gutes Benehmen erwartet wird. Es bleibt ihm, wenn es
die Begabung hat, nichts anderes übrig, als einen brillan-

ten Intellekt zu entwickeln. Das Leben flieht ihm davon, aber das Denken hilft ihm zu überleben. Der Körper versucht, die schreckliche Not anders als durch Weinen und Schreien auszudrücken, er produziert ständig neue Symptome, in der Hoffnung, daß endlich einmal jemand aufhorcht und vielleicht die Frage stellt: „Was treibt dich in eine solche Verzweiflung? Warum warst du in einem Schuljahr 110mal krank?" Aber niemand stellt solche Fragen. Ärzte verschreiben wie immer ihre Medikamente. Keiner von ihnen kommt auf die Idee, daß Friedrichs chronische Halskrankheiten den verbotenen Schrei zu ersetzen versuchen, daß die häufigen Anfälle von Rheuma auftreten, wenn die Muskelspannungen unerträglich werden. Wie sollte sich die Muskulatur auch entspannen können, da immer weniger Hoffnung besteht, die dort gespeicherte Wut und Angst irgendwann einmal ausdrük- ken zu können?

Als Erwachsener ist es Nietzsche unmöglich, eine Partne- rin zu finden. Er kann keiner Frau vertrauen, begreif- licherweise, nach den schrecklichen Erfahrungen, die er einst mit Frauen gemacht hatte. Obwohl verdrängt, sind diese Erfahrungen in seinem Körper und in seiner Seele gespeichert. Das Schreiben hilft ihm zwar zu überleben, aber das Leben ersetzen kann es nicht. Es kann auch nicht helfen, die Wahrheit aufzudecken. Da die starken Gefühle im Hals, im Kopf und in den Muskeln seit der Kindheit blockiert sind, können sie nicht gefühlt, ausgedrückt und verstanden werden. Die Not des seelisch und körperlich mißhandelten Kindes kann nur in einer kodierten Sprache sprechen, in Nietzsches Philosophie. Doch in dieser ver- schlüsselten Sprache bleibt diese zarte, leise Stimme in den Büchern versteckt, weder von Nietzsche noch von irgend jemandem gehört, daher vom brillanten Intellekt vollständig getrennt. Schließlich bricht beim Fünfundvierzigjährigen der alte Schmerz durch und überflutet den Intellekt wie Wasser nach einem plötzlichen Dammbruch.

Eines Tages, im Januar 1889, auf einer friedlichen Straße in Turin, sieht Nietzsche einen Kutscher, der sein Pferd brutal mißhandelt. Er wirft sich dazwischen, umarmt das Pferd und weint bitterlich, überwältigt von alter Wut und Trauer. Doch der Mann, der seit jeher die Gefühle des geschlagenen Kindes in sich unterdrücken und verdrängen mußte, kann jetzt mit all den plötzlich auf ihn einstürmenden Emotionen nicht umgehen. Dazu bräuchte er Hilfe. Andererseits lassen sich diese Emotionen nicht wie bisher verdrängen. Das Labyrinth des Intellekts ist zwar überflutet, aber an seiner Stelle befindet sich nun nichts anderes, und niemand ist da, um ihm zu helfen, seine Gefühle zu verstehen, seine Trauer um das einst geschundene Kind, das er in der Gestalt des Pferdes retten wollte. Da gibt es keine einzige Brücke, auf der Intellekt und Gefühle sich hätten begegnen können. Infolgedessen verliert Nietzsche den Verstand und lebt noch elf Jahre lang in totaler Abhängigkeit, zuerst von der Mutter und dann von der Schwester.

Was geschah dann? Nichts. Was würde passieren, wenn Nietzsche heute lebte? Ebenfalls nichts Wirksames, um ihm zu helfen. Vermutlich würden ihm die Psychiater eine Dosis der neuesten Psychopharmaka verschreiben, um sicherzugehen, daß der Patient seinen fünfundvierzig Jahre alten Schmerz, der sich in der Krankheit meldete, tief genug herunterschluckt. Solche Ärzte haben schon mit anderen Genies ihre Erfahrungen gemacht: zum Beispiel mit Hölderlin, Munch, van Gogh. Auch dort ist es ihnen in jedem Fall gelungen, die Schmerzen und die Wahrheit zu töten.

Sollten auch Psychotherapeuten um eine Behandlung gebeten werden, kann das alte Spiel mit leeren Worten von neuem beginnen. Eine ganze Palette von Theorien werden sie anbieten können, um die Krankheit zu erklären: Archetypen, kollektives Unbewußtes, Mandala, das grausame Neugeborene, Ödipuskomplex, Kastrationsangst usw. usw., alles mit absoluter Überzeugung und natürlich ebenfalls mit großem Nachdruck. Sie brauchen alle diese Theorien, um sich zu versichern, daß das im Patienten eingesperrte Kind nicht zu reden beginnt, nicht wagt, seine Geschichte zu erzählen. Sollte der Patient schreien, aus Verzweiflung und Protest gegen soviel Unsinn, wird er als psychotisch deklariert; das heißt mit anderen Worten, unfähig, sich dem zu unterwerfen, was sie Psychotherapie nennen. Nur Medikamente kommen dann für ihn noch in Frage.

Das ist die übliche Praxis heute, die von Psychiatern mit Stolz als fortschrittlich bezeichnet wird. „Früher", sagen sie, „mußte man die Geisteskranken in Zwangsjacken stecken, man mußte sie schlagen, um sie zur Ruhe zu bringen, heute erreichen wir Ruhe mit winzigen Tabletten und ohne Schläge; ist das nicht wunderbar?"

Die Ärzte sind in der Lage, die Verwirrung der Patienten mit Hilfe der Medikamente und der Theorien so zu zementieren, daß diese sie nicht mehr stören. Sie sagen den Patienten, schreien sei nicht gut für sie, sie bräuchten Ruhe, aber in Wirklichkeit müssen die Ärzte den Schrei eliminieren, weil er sie an ihren eigenen Schmerz erinnern würde, den sie erfolgreich mit Theorien abwehren konnten. Daher erscheinen sie in weißen Kitteln, um die Wut

38

der Bestien zu zähmen. Sie machen ihre Opfer klein und hilflos, und diese werden bis an ihr Lebensende klein und hilflos bleiben, weil man ihnen den Rest ihrer Gefühle geraubt hat, weil man sie auf ihrem Weg zur Wahrheit für immer blockiert hat.

Von Freud, Jung, Adler und ihren zahlreichen Nachfolgern wurden auch Psychotherapeuten zur Unterdrückung der Wahrheit ermutigt. Diese Lehrer mußten ihre Kindheit verdrängen, wie wir alle, aber sie gaben sich nicht wie Nietzsche mit intellektuellen Spielen zufrieden, auch nicht mit der Verwirrung von Lesern und ihrer Selbstverwirrung. Sie taten mehr, sie gründeten Schulen, in denen sie künftige Therapeuten verwirrten. In diesen Schulen und Institutionen boten sie ihren Schülern ihre Theorien an, als wären diese medizinisch-wissenschaftliche Entdeckungen. Auf diese Weise verkauften die Meister ihr Versagungsprodukt — die abstrusesten Theorien, die ihnen geholfen hatten, die Wahrheit zu verleugnen —, als ob es ein Erfolgsprodukt wäre, als ob die Theorien die Wahrheit enthielten.

Die Nachfolger der Meister würden Nietzsche über die angeborene Bosheit der menschlichen Kreatur und die Notwendigkeit, sie zu zähmen, belehren. Diese Ideen brauchen sie, um vor sich und den anderen das Wissen um den schrecklichen Eintritt ins Leben, den die meisten Menschen erfahren und der sie krank und böse macht, zu verbergen.

Ist es möglich, daß Nietzsche, der mit fünfundzwanzig Jahren bereits Philosophieprofessor war und der so radikal wie bis dahin niemand vor ihm die Verlogenheit unserer Kultur zu entlarven wagte, dieses Machtspiel seiner „Helfer" nicht durchschaut hätte? Dies ist in der Tat durchaus möglich. Lebte er heute, würde er vielleicht eifrig seine Tabletten herunterschlucken, danke schön sagen und gerade von jenen Herren Hilfe erwarten, die ihn nicht nur nicht in die Lage versetzen können, sich seiner Wahrheit zu stellen, sondern die sogar persönlich daran interessiert sind, daß er es nicht tut. Aus diesem Grund würden sie gefährliche Mittel anwenden, um für immer sein Gedächtnis zu zerstören, in dem ja das Potential seiner Heilung gelegen hätte.

Er könnte nicht so leicht merken, was sich da abspielt. Wie sollte er? Er braucht verzweifelt Hilfe, und sie sagen, sie würden ihm helfen. Er denkt: „Sie machen den Eindruck, als wüßten sie Bescheid, was mit mir los ist, und eigentlich müßten sie es nach dreißigjähriger Klinikerfahrung doch besser als andere Menschen wissen. Es muß mein Widerstand sein, der mich hindert, einen realen Sinn in ihren Worten zu hören. Ich muß also meinen Widerstand unterdrücken, damit sie mir helfen können."

So denken noch heute viele Patienten. Woher sollten sie wissen, daß für die Ärzte und Psychiater ihre dreißig- bis vierzigjährige Arbeit in der Klinik eine genauso permanente Flucht vor der Wahrheit bedeutete wie für Nietzsche die Entwicklung seiner Philosophie? Mit ihrer Macht kämpften diese Männer und Frauen täglich gegen das geringste Auftauchen einer Kindheitsgeschichte. Ihr Kampf war nicht gewaltlos. Sie haben nicht gezögert, Insulin und Elektroschocks zu verabreichen und damit den Organismus der Patienten zu zerstören, nur um deren Geschichte zu töten. Wie hätten sie unter diesen Bedingungen lernen können, was am Ursprung des menschlichen Elends steht? Natürlich, die Schlüssel waren für sie in ihren Kliniken verfügbar, wenn sie nur gewagt hätten, diese zu berühren, aber sie fürchteten diese Schlüssel mehr als den Teufel. Mit dem Teufel kannst du dich arrangieren. Er würde zweifellos nichts dagegen haben, dich beim Gebrauch der Elektroschocks zu unterstützen, doch mit deiner Wahrheit bist du allein; du findest selten Unterstützung, wenn du dich mit ihr konfrontieren willst. Daher ließen die Psychiater die Schlüssel dreißig oder vierzig Jahre lang unberührt liegen, und sie entschlossen sich, nicht zu wissen, wie Psychosen entstehen.

Trotzdem verhalten sich diese Ärzte, als würden sie alles wissen (weil sie die „richtige" Dosierung von Tabletten kennen, die sie verschreiben „müssen"), und dieses Verhalten beeindruckt. Vermutlich würde es auch beim heutigen Nietzsche wirken. Ihre Redeweise würde seinen Ohren sehr vertraut vorkommen: „Sie sollten sich nicht ständig beklagen, versuchen Sie zu vergessen. Sie sollten sich nicht aufregen und wütend sein. Die Wut ist gefährlich, sie erzeugt Kopfschmerzen, Sie müssen sich beherrschen und kontrollieren. Jeder mußte einmal Ungerechtigkeit akzeptieren, das ist normal. Ihre Eltern wollten das Beste: Wenn sie fehlten, ist es menschlich. Sie müssen ihnen verzeihen, nur durch Verzeihen können Sie gesund werden."

Wie könnte Nietzsche oder irgend jemand anderer merken, daß diese Meinungen, die überall auf der Welt noch weithin als richtig gelten, nicht nur nachweisbar falsch und sogar gefährlich sind, sondern daß ihr Gegenteil bereits bewiesen werden kann? Um das zu merken, bräuchte ein Mensch die Erfahrung mit erwachten Gefühlen. Diese erst würden ihm Zugang zu seiner Kindheit verschaffen – mit allen Konsequenzen: dem Schmerz, der Einsicht, der Befreiung, dem Bewußtsein und schließlich dem Frieden, der aus der *Befriedung*, aus der Befriedigung seiner Bedürfnisse folgte. Eine solche Erfahrung würde den Nietzsche von heute dazu befähigen, die verordneten Tabletten in den Papierkorb zu werfen und zu sagen:

„Heute weiß ich, daß wir nicht frei werden, wenn wir die in der Kindheit erlittenen Grausamkeiten und Brutalitäten vergessen, bagatellisieren und verzeihen, ganz im Gegenteil, Verzeihung von Verbrechen hinderte mich seit meiner Kindheit daran, zu fühlen und zu merken, was mir eigentlich zugefügt wurde. Ich will gegen das Vergessen kämpfen, gegen das Abtöten des Gedächtnisses in unseren Kliniken. Ich will meine blockierten Erinnerungen befreien. Sie warten auf mich. Ich möchte erinnern, was ich verdrängt habe, und will wissen, warum ich es tat, weil ich meine Ursprünge finden will. Ich werde niemandem mehr erlauben, mich davon abzulenken, mich mit Medikamenten zu verwirren und abzustumpfen; mich mit Hilfe der Theorien zu verdummen. Meine Krankheit half mir, die Stimme des Kindes zu hören, das ich so lange zum Schweigen verurteilt hatte, und ich will jetzt nur dieser Stimme folgen, weil ich von ihr mehr gelernt habe als aus allen Büchern, die ich je gelesen hatte. Ich will mein Leben finden, das ich einst verlor, und ich werde es finden, wenn ich genau und ausführlich genug sagen kann, was sie eigentlich mit mir getan haben und *wie* sie es getan haben. Ich will die Türen zur Vergangenheit öffnen, statt sie verriegelt zu halten, wie ihr es tut und wie ihr es von euren Kranken verlangt. Eure Patienten meinen, daß es nur Zeitmangel ist, der euch daran hindert, ihnen zuzuhören. Nur wenige realisieren, daß ihr nicht zuhören wollt, daß euch das Zuhören angst macht. Es ist diese unbewußte Angst vor eurer tiefverdrängten Geschichte, die euch in den Irrsinn treibt, das Gedächtnis eurer Patienten mit

Elektroschocks töten zu wollen, immer wieder, damit das Kind im Patienten und in euch ja nicht zu reden wagt.

Aber die Patienten haben das Recht, selber zu entscheiden, wie sie sich zu ihrer Vergangenheit verhalten wollen. Ihr dürft sie nicht ihrer Vergangenheit und ihres Gedächtnisses berauben, denn das ist eine Vergewaltigung. Sie dürfen nicht geopfert werden, um eure Abwehr zu stützen. Und sie werden nicht geopfert werden, sobald die Patienten bereit sind, sich ihre ‚Helfer‘ genau anzuschauen und sich mit der Realität zu konfrontieren.

Ihr sagt, ihr hättet nie von solchen Dingen an den Universitäten gehört? Unglücklicherweise nicht. Daher ist es an der Zeit, anderswo zu lernen, nämlich in euch selbst."

Der fiktive Nietzsche von heute, auch er ein brillanter, erfolgreicher Mann, der seit seiner Kindheit an Depressionen leidet, würde vielleicht noch hinzufügen:

„Damals als Kind hatte ich keine andere Wahl, als die Frauen auf meine Kosten predigen zu lassen, doch heute bin ich nicht mehr wehrlos. Meine berechtigte Wut macht mich stark und wach. Ich kann jetzt die Lügen durchschauen, weil ich aufhörte zu verzeihen, zu beten, zu spekulieren und mich schuldig zu fühlen für das, was meine Verfolger mit mir getan haben. Ich begann, mir konkrete Situationen vorzustellen und sie zu befragen. In meiner Phantasie besuchte ich die Wohnung, in der ich meine Kindheit verbracht habe, und meine Schule. Ich sah dort meine Familie, wie sie *wirklich* mit mir umging und nicht, wie sie später vorgegeben hatte gewesen zu sein. Es war schrecklich, aber es war die Wirklichkeit. In der Schule fand ich die aufgeblasenen, ignoranten Lehrer, die uns mit Wonne geprügelt hatten, aber ständig von ihrer Pflicht sprachen, die bösen Kinder erziehen zu müssen.

43

Jetzt, da ich weiß, wie diese Menschen waren, brauche ich mir nichts mehr vorzumachen. Ich bin auf dem Weg, meine Illusionen aufzugeben. Schritt für Schritt. Ich wage es, meinen Ärzten ins Gesicht zu sehen, den sogenannten Helfern, und die Funktion ihrer Lügen zu durchschauen. Das alles bewirkt, daß ich jetzt auch die Existenz von Liebe und Ehrlichkeit wahrnehmen kann, wenn ich ihnen begegne, etwas, wozu ich früher unfähig war. Heute meine ich nicht, daß alle Frauen Hexen sind. Ich weiß, daß es mein persönliches Elend war, Hexen – den Frauen, die mich in der Kindheit gequält haben – ausgeliefert zu sein. Doch erst als ich meinen ganz eigenen Terror fühlte, ohne ihn wie früher zu verharmlosen, nahm ich wahr, daß nicht die ganze Welt so ist, wie meine Familie war. Ich lernte, daß es liebende Eltern und geliebte Kinder gibt, wenn auch zu selten, um sehr hoffnungsvoll in die Zukunft der Menschheit blicken zu können.

Heute bin ich der Meinung, daß es das größte Verbrechen ist, Kinder so zu mißhandeln, wie ich mißhandelt wurde; sie zu strafen, ihnen zu verbieten, zu weinen, zu reden, sich zu wehren, gegen Grausamkeit zu revoltieren und diese überhaupt auszumachen. Es ist ein Verbrechen, sie so lange zu dressieren, bis sie blind, stumm und leblos werden, und später alles noch zu leugnen. Kein Wunder, daß solche Kinder als Erwachsene lieber anderen Elektroschocks verabreichen, als sich mit ihrem verdrängten Elend zu konfrontieren.

Kindesmißhandlungen sind das schmutzigste, das gemeinste Verbrechen der Menschheit gegen die Menschheit, weil sie die nachfolgenden Generationen charakterlich schädigen, unbemerkt bleiben und geleugnet werden, sobald jemand sie erwähnt. ‚Sie wollen doch nicht etwa

44

Eltern beschuldigen', wird man dann in drohendem Tonfall gefragt. ‚Natürlich tue ich das, wenn sie Verbrechen begehen', lautet meine Antwort. Warum sollten Eltern den größten Freibrief für Verbrechen genießen? Niemand verbietet ihnen, zornig zu sein und Gefühle zu haben, sie dürfen sie erleben, aber sie dürfen ihre Gefühle nicht an ihren Kindern abreagieren. Anders als Gefühle müssen zerstörerische Aktionen entschieden und öffentlich verboten werden.

Wenn ihr, Psychologen und Psychiater, aufhören würdet, der Tatsache von Kindesmißhandlungen und deren Folgen in psychischen Krankheiten auszuweichen, wenn ihr wagen würdet, die in euren Kliniken herumliegenden Schlüssel, die euch eure Patienten täglich präsentieren, zu berühren und eure Türen zu öffnen, würdet ihr zum Leben erwachen. Dann erst wäret ihr fähig, auch anderen zum Leben zu verhelfen. So, wie ihr heute seid, seid ihr gefährlich, weil ihr die Funktionen des menschlichen Organismus, dessen Fähigkeit, sich zu helfen, hemmungslos zerstört und weil eure Destruktivität kaum bemerkt wird. Daher habt ihr ein ruhiges Gewissen und sagt sogar, was ihr tut, sei eure Pflicht. Ich werde nach Menschen suchen, die aus eigener Erfahrung wissen, wie schädlich es ist, Verzeihung und Vergessen zu predigen. Eure Patienten haben doch genau das ihr Leben lang getan und sind deswegen ver-rückt geblieben.

Eure Theorien widersprechen der Realität, die ich mit Hilfe meiner Gefühle aufgedeckt habe. Da ihr gelernt habt, nicht zu fühlen, und nichts daran ändern wollt, seid ihr unfähig, diese Widersprüche zu erkennen. Ich werde euch eure Theorien nicht abkaufen, ich bin nicht länger ein Kind, das man leicht zum Narren halten kann. Ich kann intensiv fühlen wie ein Kind und kann denken wie ein Erwachsener, und diese Kombination von Fühlen und Denken ermöglicht mir, meine Wahrheit zu ertragen, zu leben, zu reden, mich zu empören und nicht ein Opfer von destruktiven, sogenannten Experten zu werden. Statt mich zu belehren, öffnet eure Türen. Eure Angst ist keine Entschuldigung für eure Destruktivität und befreit euch nicht von der Verantwortung, die ihr mit eurem Beruf eingegangen seid. Die Angst muß man fühlen, um sie aufzulösen, aber man darf sie nicht ausleben, indem man anderen Behandlungen zumutet, die ihnen schaden.

Wenn ihr Angst habt, euch in eurer Vorstellung mit euren Eltern zu konfrontieren, sie in Frage zu stellen und euren Schmerz zu fühlen, könnt ihr natürlich eure Theorien und eure Philosophien weiterpflegen, aber nur für den privaten Gebrauch. Doch wenn ihr sie auf eure Patienten anwendet, ist es unvermeidlich, daß ihr Verbrechen begeht. Sowenig wie die Angst kann euch eure Ignoranz von eurer Verantwortung befreien. Andere werden die Schlüssel berühren, die ihr unberührt liegenlaßt, und sie werden euch wissend mit dem konfrontieren, was ihr getan habt. Es ist also höchste Zeit für euch zu lernen.“

Hätten heutzutage ein fiktiver Nietzsche und andere Opfer so fühlen, denken und sprechen können, sie würden keine Drogen, keinen Suizid, keine Entziehungskuren und keine Straftaten brauchen, weil die Konfrontation mit der Wahrheit unserer Kindheit uns von den destruktiven und selbstdestruktiven Mustern befreit. Aber um uns mit der schmerzhaften Wahrheit zu konfrontieren, brauchen wir die Unterstützung von Menschen, die wissen, daß das, was früher als Sünde angesehen wurde, nämlich die Kritik an den Eltern, im Grunde unsere einzige Chance ist, gesund zu werden. Unser Körper läßt sich auf keinen Fall betrügen. Er respektiert nur die Wahrheit unserer Gefühle und Gedanken, und nur mit ihnen ist er langfristig bereit zu kooperieren. Leider werden junge Leute ständig dabei entmutigt, ehrlich zu sein, und mit dem bedroht, was wir Moral nennen. Zuerst durch die Familien, dann die Religionen und schließlich auch durch die Psychiatrie.

Der reale Nietzsche schrieb: „Wir fürchten uns alle vor der Wahrheit", und er schrieb auch: „Irrtum ist nicht Blindheit, Irrtum ist Feigheit, jede Errungenschaft, jeder Schritt vorwärts in der Erkenntnis folgt aus dem Mut." Ich meine, Blindheit ist die Folge der Angst vor den Fakten, die Wut auslösen können; doch gerade das Erlebnis und der Ausdruck der berechtigten Wut machen den Menschen mutig. Tragischerweise begegnet Nietzsche in den sechsundfünfzig Jahren seines Lebens nicht einem einzigen Menschen, der ihn ermutigt hätte, „die Wahrheit zu ertragen", etwas, das er sich ja so sehnlich gewünscht hatte. Aber in seiner Einsamkeit überwog die Angst diesen Wunsch. Vielleicht würde er heute, hundert Jahre später, eher einen wissenden Zeugen gefunden haben, der ihm geholfen hätte, die entscheidenden Schritte zur Wahrheit zu gehen. Vielleicht auch nicht. Vielleicht werden künftige Nietzsches dies tun können, aber auch sie werden unsere Unterstützung brauchen. Wir sollten sie nicht in ihrer Einsamkeit, Verzweiflung und Verwirrung oder gar in „geistiger Umnachtung" jahre- und jahrzehntelang dahinvegetieren lassen — als Folge unserer Ignoranz, unserer Angst und unseres Widerstands, aus Fakten zu lernen.

Nachdem ich dieses Kapitel geschrieben hatte, erhielt ich den Brief einer amerikanischen Leserin, die mir einen, wie sie fand, „alarmierenden" Artikel aus ihrer Washingtoner

Lokalzeitung vom Juni 1989 schickte. Ich zitiere ihn hier auszugsweise, weil er eine Tendenz widerspiegelt, die ich jetzt in vielen Ländern beobachte, und weil er ein ausgezeichnetes Beispiel ist für das, was ich auf den vorangehenden Seiten zu zeigen versucht habe:

> Traumata sollten vergessen, nicht ständig nacherlebt werden. Zu diesem Schluß kommt eine Studie über Überlebende des Holocaust.

Juden, die den Holocaust überlebt und sich dem Leben nach dem Zweiten Weltkrieg am besten angepaßt haben, waren in der Lage, ihre Traumen so erfolgreich ins Unbewußte zu verdrängen, daß sie sogar ihre heutigen Träume dagegen abschirmen können. So lautet das Fazit einer Untersuchung israelischer Wissenschaftler.

Die Ergebnisse legten nahe, daß moderne Techniken zur Behandlung von post-traumatischen Streßsyndromen — unter denen auch Veteranen des Vietnamkriegs leiden — in Wirklichkeit die Störung verschlimmern könnten, statt sie zu heilen, sagte Peretz Lavie, ein Psychologieprofessor am Technion-Israel Institute of Technology in Haifa, wo die Untersuchung durchgeführt wurde. (...)

Lavie erklärte, die Untersuchung einer Gruppe von Überlebenden des Holocaust habe ergeben, daß diejenigen, die psychisch am gesündesten waren, gelernt hatten, die Erinnerung an nahezu alle Träume zu unterdrücken. Das, sagt er, sei ein Schutzmechanismus gegen die schrecklichen Erinnerungen an die Judenverfolgung durch die Nazis im Zweiten Weltkrieg. (...)

„Unsere Untersuchungsergebnisse deuten darauf hin, daß es besser ist, manche Formen von Traumen zu unterdrücken. Es ist besser, sie zu vergessen, statt ihnen jahrelang in einer Therapie ausgesetzt zu werden."

Bei 23 Überlebenden des Holocaust untersuchten Lavie und Hanna Kaminer, eine Kollegin von ihm, die Langzeitwirkungen von seelischen Traumatisierungen, indem sie die Träume aufzeichneten, an die sich die Versuchspersonen erinnerten, wenn sie aus dem Tiefschlaf aufgeweckt worden waren.

In der Gruppe befanden sich elf Überlebende des Holocaust, bei denen Tests ergeben hatten, daß sie sich sehr gut ans Leben nach dem Krieg angepaßt hatten. Die anderen zwölf litten noch immer an den emotionalen Folgen des Holocaust und den daraus sich ergebenden emotionalen und geistigen Problemen sowie an einer generellen Unzufriedenheit mit dem Leben.

In vier aufeinanderfolgenden Nächten schlief jede der Versuchspersonen in einem Laboratorium, während ihre Organfunktionen – Herzschlag, Atmung und Gehirnaktivität – überwacht wurden.

Wenn die Versuchspersonen die Phase des REM-Schlafs [Schlafphase, in der schnelle Bewegungen der Augäpfel intensives Träumen anzeigen] erreicht hatten, wurden sie geweckt und aufgefordert, ihre Träume zu erzählen.

Frühere Untersuchungen hatten ergeben, daß die meisten Menschen, die während ihres REM-Schlafes geweckt werden, sich in etwa 80 Prozent der Fälle an ihre Träume erinnern können.

„Die gut Angepaßten besaßen nur einen Grad von Traumerinnerungen von 30 Prozent", sagte Lavie. „Wenn wir sie weckten, bestritten sie, geträumt zu haben. Sie waren

enttäuscht, daß sie sich an keine Träume erinnern konnten, weil sie bei unserer Untersuchung helfen wollten."

Diese Gruppe, sagte er, „hatte keine wie immer gearteten Schlafstörungen", sondern erfreute sich vor und nach dem Gewecktwerden eines friedlichen und ungestörten Schlafes.

Die schlecht angepaßten Überlebenden des Holocaust hingegen konnten sich in 60 Prozent der Fälle an ihre Träume erinnern und „zeigten alle Anzeichen von durch post-traumatischen Streß bedingten Störungen" in ihrem Schlafmuster, äußerte Lavie.

„Sie wachten mehrfach auf, litten unter Einschlafschwierigkeiten, und sie zeigten im Schlaf unruhige Bewegungen. Sie erinnerten sich aber doppelt so häufig an Träume wie die gut Angepaßten. (...) Die Träume der schlecht Angepaßten waren von Angstgefühlen und Regression geprägt – nach innen gerichtet." (...)

Weitere Tests, so Lavie, hätten ergeben, daß die gut angepaßten Überlebenden mit ihren Holocaust-Erfahrungen dadurch fertig geworden seien, daß sie die Erinnerung daran vermieden.

„Sie haben sie ‚versiegelt‘, und das versetzte sie in die Lage weiterzuleben. Dieser Mechanismus befähigte sie, zu überleben, sich anzupassen und sich einzufügen."

Dieser Schutzmechanismus schloß sogar das ein, was in der Untersuchung „massive Traumunterdrückung" genannt wurde; diese Unterdrückung schützte gegen ein unbewußtes Abrufen erschreckender Erinnerungen. Aufgrund dieser Untersuchungsergebnisse empfehle es sich, so Lavie, die Veteranen des Vietnamkrieges und anderer Kriege, die unter ihren emotionalen Traumen aus jener Zeit litten, ein ähnliches „Versiegeln" zu lehren.

50

Gegenwärtig sei es üblich, solche streßbedingten Störungen dadurch zu behandeln, daß man die Patienten zwinge, sich an die Traumata zu erinnern und die Emotionen wiederzubeleben. Diese Vorstellung entspreche etwa dem Öffnen und Austrocknen einer Wunde.

Lavie hingegen ist der Ansicht, es sei vielleicht besser, die Wunde mit psychischen Narben zu versiegeln und den Patienten, die am post-traumatischen Streßsyndrom leiden, beizubringen, zu vergessen.

„Wir sind der Auffassung, daß in manchen Fällen die Verdrängung der Schlüssel zur Heilung ist", sagte Lavie. „Daß man das Trauma immer wieder von neuem aufarbeiten müsse – diesen ganzen Unsinn sollten wir stoppen und die Patienten im Hier und Jetzt behandeln, ihre Aufmerksamkeit von der gemachten Erfahrung ablenken." (...)

Es ist bekannt, daß Männer und Frauen, die Hitler geholfen haben, Millionen Morde auszuführen, keine psychiatrische Hilfe brauchten. Sie haben sich im Hitler-Reich den damaligen Verhältnissen ausgezeichnet angepaßt, und auch später fanden sie sich problemlos in die neue Situation hinein. Sie verdienten Geld, gründeten Familien, mißhandelten ihre eigenen Kinder, ohne alle Schuldgefühle. Sie hatten keine Träume und haben nie begriffen, daß sie etwas Böses getan hatten, als sie ihre Pflicht erfüllten. Hitler und andere seinesgleichen waren ja stolz auf ihre Fähigkeiten, ihre eigenen Traumatisierungen vergessen zu können. Aber wir wollen nicht wieder den Preis für dieses Vergessen bezahlen. Es ist besonders tragisch, daß diese destruktiven Ideen einer Heilung durch Vergessen ausgerechnet den Opfern des Holocaust empfohlen werden.

Es ist nicht wahr, daß post-traumatische Erkrankungen durch Vergessen geheilt werden, aber es ist wahr, daß viele Menschen versuchen, sich durch Vergessen zu heilen. Sie tun es entweder auf Kosten ihres eigenen Körpers oder auf Kosten anderer, ihrer Kinder, Patienten, Studenten oder auch der Soldaten, die schließlich sterben müssen, weil sich ihre Befehlshaber weigern, sich zu erinnern. Aber dieses Zerstören wird nur so lange funktionieren, wie diese Kinder, Patienten, Studenten und Soldaten zulassen, daß es funktioniert. Das heißt so lange, wie sie es nicht wagen, ihre Väter und Mütter anzuschauen, deren Meinungen in Frage zu stellen und ihre Zweifel an diesen seit Generationen überlieferten, gefährlichen Meinungen zu äußern.

Das Blinde-Kuh-Spiel
und die Flucht vor den Fakten
in der Psychoanalyse

*J*edesmal, nachdem ich ein hochangesehenes Lügengebäude entlarvend beschrieben hatte, zum Beispiel die
Pädagogik in *Am Anfang war Erziehung* und die Psychoanalyse in *Du sollst nicht merken*, gab es entrüstete
Reaktionen. Das ist nicht verwunderlich. Denn fühlen zu
müssen, daß man einst (als Kind und Patient) jahrzehntelang betrogen wurde, von Menschen, die man liebte und
denen man vertraute, daß man zur Abwehr ihrer Angst
mißbraucht, ja geopfert wurde, ist unerhört schmerzhaft.
Viele zogen es daher vor, sich nicht mit den schmerzhaften
Fakten zu konfrontieren und die von mir aufgedeckten
Tatsachen weiterhin zu ignorieren. Sie verteidigten weiterhin die in der Gesellschaft etablierten Lügengebäude, und
zwar um so heftiger und eifriger, je brüchiger deren
Fundamente geworden waren. Angesehene Fachleute wei-
gerten sich einfach, Dinge zu verstehen, die ein nicht-
gestörtes Kind ohne weiteres verstehen kann. Diese Anstrengungen sind auf viel gedrucktem Papier, „Rezensionen" genannt, reichlich dokumentiert.
Aber es gab auch und es gibt immer wieder einzelne
Menschen, die frei genug sind, die Fakten, die ich in
meinen Büchern aufzeige, genau zu überdenken und zu
überprüfen. Für diese Menschen ist dieses Kapitel gedacht,

53

das Überlegungen enthält, die ich selbst vor dreißig Jahren dringend hätte brauchen können. Ich möchte alles, was mir möglich ist, tun, um zu verhindern, daß diese Leser, die, wie ich einst, die Wahrheit kennenlernen wollen, aber vor dem Leiden ihrer Kindheit noch Angst haben, zu Opfern der Psychoanalyse werden.

Seit dem Erscheinen meiner ersten Bücher kam ich nicht umhin, immer deutlicher wahrzunehmen, daß die Praxis der Psychoanalyse ein ständiges Ausweichen des Analytikers vor der eigenen schmerzhaften Kindheitsgeschichte auf Kosten des Patienten ist. Und die psychoanalytische Theorie ermöglicht ihm dieses Ausweichen mit Hilfe eines dafür geschaffenen Lehrgebäudes. Diese Lehre soll garantieren, daß die wahren Geschichten der Patienten und der Analytiker selbst über Mißhandlungen und Verwahrlosungen in der Kindheit nicht erzählt werden können. Damit die Taten der Eltern nicht aufgedeckt werden, darf der Patient nicht herausfinden, wie es zu seinen selbstzerstörerischen Verhaltensmustern gekommen ist, warum er zum Beispiel süchtig ist, Unfälle verursacht oder sich überflüssigen medizinischen Operationen unterziehen muß. Doch ohne die Konfrontation mit der Kindheit wird er diese Muster nie auflösen können.

Bis 1988 bekam ich noch Falldarstellungen zugeschickt, die die Ausbildungskandidaten dem Unterrichtsausschuß vorgelegt hatten, um Mitglieder der Psychoanalytischen Gesellschaft zu werden. In all diesen Darstellungen ließ sich nachweisen, daß und in welcher Weise die Patienten daran gehindert wurden, zu sehen, was ihnen in ihrer Kindheit angetan worden war, obwohl sich dies aus dem Material überdeutlich zu erkennen gab. Solche Behandlungen, Analysen genannt, sind sinnlos und nicht selten schädlich.

Meine persönlichen Erfahrungen halfen mir schließlich zu begreifen, daß die Psychoanalyse die neuen Erkenntnisse über die Kindheit niemals integrieren wird, weil sie es *ihrem Wesen nach* nicht kann. Sie verdankt ihre Daseinsberechtigung der Verleugnung der konkreten Fakten mit Hilfe von abstrakten, verbrämenden Konstruktionen. Daher verfehlt sie nicht zufällig, sondern zwangsläufig die Wahrheit. Sie ist ein gutfunktionierendes System zur *Unterdrückung* der Wahrheit über die Kindheit, einer Wahrheit, die von der ganzen Gesellschaft gefürchtet wird. Nicht von ungefähr genießt die Psychoanalyse gerade unter den Intellektuellen ein hohes Ansehen. Unendliche Gedankenspiele lassen sich an Freuds Theorien knüpfen.

In meinen beiden letzten Büchern *(Das verbannte Wissen, Der gemiedene Schlüssel)* habe ich ausführlich begründet, weshalb ich der Meinung bin, daß das psychoanalytische Lehrgebäude und meine Erkenntnisse einander ausschließen (obwohl es auch Psychoanalytiker gibt, die das zunächst bestritten), und weshalb ich heute in keinem Fall zu einer solchen Ausbildung raten kann. Ich würde auch niemals einem Hilfesuchenden raten, sich einer Analyse als „Übergangslösung" zu unterziehen, weil dadurch entstehende Schäden irreversibel sein können. Diese Einsicht bewog mich letztlich auch zu meinem Austritt aus der Schweizerischen und Internationalen Psychoanalytischen Vereinigung im Jahre 1988. Leider kann ich nicht verhindern, daß ich trotzdem gelegentlich noch als Psychoanalytikerin bezeichnet werde.

In meinem Entschluß, die Neuauflagen meiner ersten drei Bücher, abgesehen von dem neuen Kapitel, „Standort 1990", unverändert erscheinen zu lassen, bestärkte mich mein Gefühl, daß eine korrigierte Fassung dieser Bücher einer Fälschung der Tatsachen gleichkäme. Ich entschied mich also für die volle Transparenz. Denn Tatsache ist, daß ich diese drei Bücher noch als Mitglied der Psychoanalytischen Vereinigung geschrieben habe und daß sich kein einziges Mitglied dieser Vereinigung mit diesen Büchern auseinandersetzen und zu deren Gedanken sachlich äußern konnte. Das gab mir zu denken. Entweder wichen meine Kollegen mir aus, oder sie bagatellisierten bzw. verleugneten das Problem. Als Antwort erhielt ich bestenfalls hilflose Belehrungen aus dem Freudschen Katechismus. Auf unbefangenes Interesse für die Sache, die ich vertrat, stieß ich hingegen nie, von einer konstruktiven Kritik oder einer ernsthaften Auseinandersetzung und Überprüfung meiner Thesen zu den Freudschen Theorien und deren praktischen Folgen ganz zu schweigen. Dafür schien jede Basis zu fehlen. Auch die Angst blieb unausgesprochen. Trotzdem wußten die Kandidaten sehr genau, daß sie meinen Namen nicht mehr erwähnen durften, wenn sie bei Prüfungen nicht durchfallen wollten.

Zunächst begriff ich nicht, weshalb meine Forschungen bei anderen soviel Angst auslösten. Die Antwort ergab sich erst später. Da ich jedoch eindeutig spürte, daß ich mich auf dem Weg zur Wahrheit befand, ließ ich mich von den ausweichenden Reaktionen nicht verunsichern. Ich suchte weiter, bis ich dort anlangte, wo ich jetzt stehe. Dieser Standort ist aus meinen neuen Büchern klar ersichtlich.

Manche Reaktionen auf meine Arbeiten über Kindesmißhandlungen erinnerten an das Verhalten dogmatischer religiöser Gruppen. Aber es war gar nicht mein Anliegen, über Glaubensinhalte zu diskutieren. Ich hatte etablierte Dogmen durch Fakten *widerlegen* wollen, bis ich schließ-

56

lich begriff, daß dies im Grunde ein nutzloses Unterfangen ist, solange der andere *nicht sehen will,* weil ihm die Fakten angst machen. „Haben wir als Kinder nicht alle mal einen Klaps gekriegt, weil wir unsere armen Eltern zur Verzweiflung trieben? War das nicht völlig normal? Und wie soll denn ein Kind anders lernen als durch Erziehung? Man soll doch nicht ganz normale Dinge dramatisieren und ständig darüber schreiben. Ohne Schläge wären wir niemals so erfolgreich geworden, wie wir jetzt sind."

Daß die meisten Menschen so reden, ist bekannt. Aber ich war erstaunt, als ich solche Äußerungen auch von Analytikern hörte, sobald ich das Thema Kindesmißhandlungen in der herkömmlichen Erziehung ansprach. Sie wirkten wirklich ahnungslos. Ich dachte, sie müßten es doch besser wissen als Menschen in anderen Berufen, weil sie acht Stunden am Tag Opfern von Kindesmißhandlungen zuhörten. Damals hatte ich noch nicht den Mut, mir einzugestehen, was ich ja aus eigener Erfahrung im Grunde wußte: wie erfolgreich und nachhaltig diese Opfer daran gehindert werden, ihre wahre Geschichte zu erzählen, zu fühlen und zu finden. Dies gilt trotz unterschiedlichen Vokabulars gleichermaßen für linke wie für rechte Analytikerkreise.

Die ausweichenden und ängstlichen Reaktionen meiner ehemaligen Kollegen betreffen nicht meine Person, sondern die *Sache,* die ich vertrete, auch wenn zuweilen anderes behauptet wird. Als ich Freud radikal in Frage stellte, indem ich ein Thema behandelte, das er ein für allemal hatte tabuisieren und dann begraben wollen (vgl. *Du sollst nicht merken*), weckte ich offensichtlich Angst. Ähnliche Schritte haben schon andere vor mir unternommen, wenn auch weniger radikal. Sie haben auffallend ähnliche Reaktionen ausgelöst. Als Freuds Lieblingsschüler, Sandor Ferenczi, es in den dreißiger Jahren wagte, auf einem Kongreß über Kindesmißhandlungen zu berichten, wandte Freud sich von ihm ab, seine „Freunde" verließen ihn, und die hohen Funktionäre der Psychoanalytischen Vereinigung wie Ernest Jones und andere schreckten nicht davor zurück, ihn noch über seinen Tod hinaus zu verleumden. Er wurde einfach für psychotisch erklärt, obwohl Michael Balint bezeugen konnte, daß er es nicht war. Es ist mir allerdings nicht bekannt, ob Balint etwas unternommen hat, um diese infamen Lügen aus der Welt zu schaffen.

Ein ähnliches Schicksal, Feindschaft und Isolierung, traf den Analytiker Robert Fliess dreißig bis vierzig Jahre später in den USA. Auch er machte das verpönte und in Analytikerkreisen verbotene Thema zum Gegenstand eines Buches (*Symbol, Dream and Psychosis*, New York 1973). Es ist höchst bedauerlich, daß dieses aufschlußreiche Werk noch keinen deutschen Verleger gefunden hat.

Die Eliminierung des Themas „Kindesmißhandlung" aus der Psychoanalyse hat eine lange Geschichte, die 1897 mit Freuds Verrat an der Wahrheit begann (vgl. *Du sollst nicht merken*). Einzig weil Freud die Wahrheit über seine Kindheit nicht ertrug und sich damit nicht konfrontieren wollte, hat er seine Schüler darauf verpflichtet, die Wahrheit über Kindesmißhandlungen zu unterbinden, wo immer sie auftaucht. Die Konsequenzen waren verheerend, denn was zuerst Ausdruck eines privaten Fluchtversuchs war, wurde bald überall als wissenschaftliche Wahrheit verkauft und gekauft. Mehrere Generationen der Freud treu ergebenen, bewundernden, geblendeten und unkritischen Schüler, Frauen und Männer, haben sich daran

58

beteiligt. Ausgestattet mit der Autorität der weißen Ärzte-
kittel und Professorentitel, konnten sie nun ihrerseits ihren
Patienten soviel Respekt einflößen, daß diese, von der
angeblichen Kompetenz geblendet und verführt, das
Machtinstrumentarium der Psychoanalyse, ihre destruktiven Deutungen, selten in Frage stellten. Daher entging
ihnen die entscheidende Einsicht, daß psychoanalytische
Theorien, ob nun rein freudianischer oder freudianisch-
marxistischer Prägung, lediglich ein Schutz sind: *Schutz
gegen die blanke Angst vor den Schmerzen der Kindheit.*
Die Angst vor den verdrängten Erfahrungen der Kindheit
hat ihre plausiblen Gründe und ist durchaus legitim. Doch
diese Angst auf Kosten anderer bewältigen zu wollen ist ein
destruktiver Lösungsversuch. Er hat sogar katastrophale
Folgen, wenn sich ein Arzt nicht damit begnügt, mit seiner
Flucht vor dem Schmerz in die Theorienbildung sich selbst
zu täuschen, sondern auch noch seine Patienten täuscht
oder gar dogmatische Schulen gründet, in denen er weitere
Kreise von „Helfern" zu seinem Glauben verführt und den
dann noch als wissenschaftliche Wahrheit ausgibt.
Diese Lösungsversuche, die totale Schmerzverleugnung
mit Hilfe von Theorien zu erreichen, hatten nicht nur die
Gründer der Schulen mit Depressionen und anderen Symptomen zu bezahlen, sondern auch Legionen von Patienten. Tausende von Opfern der Kindesmißhandlungen gin-
gen in Analysen zu Freudianern, Reichianern, Jungianern,
Adlerianern und hörten sich, je nach Geschmack und
eigener Vorgeschichte, verschiedene, aber aus demselben
Grund konstruierte Theorien, Predigten oder auch Weis-
heiten fernöstlicher Religionen an. Unkritisch akzeptier-
ten sie die jeweiligen verwirrenden und destruktiven Deutungen. Damit ließen sie sich von ihren Kindheitstraumen

ablenken, und wer dennoch etwas gemerkt hatte, der ließ sich seine Ahnungen ausreden. Jeder Zweifel wurde ihnen so lange als Widerstand gegen die Heilung gedeutet, bis sie gelernt hatten, ihn schließlich aufzugeben. Damit ermöglichten sie ihren Meistern, die in ihrer eigenen Kindheit erworbene Blindheit noch zu verstärken.

Mir wurde von einem Fall berichtet, der überdeutlich illustriert, wie sich das abspielt: Eine vierzigjährige Frau sieht mit eigenen Augen, daß ihr Mann ihre zwölfjährige Tochter sexuell mißbraucht. Besorgt über die psychischen Folgen schickt sie das Kind zu ihrer Analytikerin, bei der sie selbst bereits seit acht Jahren in Behandlung ist. Nach der ersten Besprechung kommt die Tochter in Tränen aufgelöst zu Hause an und sagt: „Ich will nie wieder zu dieser Frau. Sie sagte, es sei nicht schlimm, daß ich solche Dinge phantasiere; Kinder würden verschiedene Geschichten erfinden, das sei normal, aber ich müsse mit ihr herausfinden, warum ich Papa Schwierigkeiten machen wolle. Ich habe Angst vor ihr."

Von ähnlichen Äußerungen von Analytikern höre ich seit Jahren ständig. Und ich habe noch die Reden meiner Kollegen und Lehrer während meiner Ausbildung zur Analytikerin in lebhafter Erinnerung. Aber ich berichte von diesem Fall, weil hier die Reaktion des Kindes so unmißverständlich war. Diese Zwölfjährige konnte noch adäquat reagieren, als man versuchte, ihr ihre Wahrnehmungen und Erlebnisse auszureden. Ihre Mutter dagegen schaffte es vor Jahren offenbar nicht, ihre Wahrheit aufrechtzuerhalten. Acht Jahre später ist sie bereits, wie ihre Analytikerin auch, das Produkt einer mehr oder weniger raffinierten Gehirnwäsche. Beide werden vielleicht nie oder nur mit größter Mühe merken dürfen, daß das Prinzip der Psychoanalyse nach wie vor unverändert ist: „Was auch immer dir von den Eltern zugefügt wurde, du warst immer daran schuld; wir sind verpflichtet, dir deine Schuld aufzuzeigen."

Die meisten Patienten sind wehrlos gegen diese bereits in der Erziehung angelegte Botschaft. Daher machen sie das Blinde-Kuh-Spiel jahrzehntelang mit. So werden sie schließlich zu Verbündeten und Stützen im Kampf gegen die Wahrheit, der mit Freud seinen Anfang nahm. Und ihre Lehrer, Meister und „Helfer" sehen in dieser abhängigen Gefolgschaft ein Zeichen, daß sie sich auf dem richtigen Weg befinden. Darauf sind sie auch angewiesen, denn andere Zeichen gibt es nicht.

Seit ich mich von der Psychoanalyse abgewendet habe und die Wichtigkeit der Gefühlserlebnisse für die Therapie betone, werden mir gelegentlich Sympathien für Behandlungstechniken unterstellt, die in meinen Augen gefährlich, weil durch und durch erzieherisch bzw. manipulatorisch sind. Ich kann mich nicht in jedem Fall gegen falsche Zuordnungen wehren, und oft erfahre ich davon nur zufällig. Aber da die Angst vor der Wahrheit über Kindesmißhandlungen fast alle mir bekannten Therapieformen durchzieht, versuche ich in meinen Büchern, dies an Beispielen immer wieder aufzuzeigen und mich grundsätzlich von Techniken, die auf Verzeihung und Versöhnung abzielen, abzugrenzen.

Um mir von den bestehenden therapeutischen Möglichkeiten, nach denen ich ständig gefragt werde, ein unmittelbares Bild verschaffen zu können, besuchte ich einige Zentren in den USA. Darunter befand sich auch eins, das den Autismus zu heilen vorgab, und zwar mit Hilfe der „Festhaltetherapie". In dieser Therapie soll die von der Therapeutin ermutigte Mutter das Kind gewaltsam in ihren Armen festhalten, um so über die zunächst abwehrenden Reaktionen des Kindes einen ersten emotionalen Kontakt herzustellen, der dann im weiteren Verlauf der Therapie zu Liebes- und sozialer Kontaktfähigkeit führen soll (vgl. *Das verbannte Wissen*, S. 74). Durch die „Festhaltetherapie" wird dem Kind suggeriert, die Gewaltanwendung in der Gegenwart sei — wie die in der Vergangenheit — nicht böse gemeint. Gewalt sei zu seinem Besten, und das Kind werde für seine Toleranz belohnt und geliebt. Es wird ihm beigebracht, Gewalt sei nur zu seinem Gedeihen notwendig und letztendlich wohltuend. Eine perfektere Verwirrung und täuschende Wahrnehmungsveränderung ist kaum möglich.

Ich habe das Geschehen in der Gruppe einen ganzen Tag lang beobachtet und mir auch in Videoaufzeichnungen die Nahaufnahmen der festgehaltenen Kinder angesehen. Ich erkannte immer deutlicher, daß diese Kinder eine schwere Leidensgeschichte hinter sich hatten, die in der ganzen angeblich erfolgreichen Therapie unartikuliert geblieben war. Als ich in meinen Gesprächen mit der Ärztin und den Müttern nach den Lebensgeschichten der einzelnen Kinder fragte, erfuhr ich Fakten, die meine Annahme voll bestätigten. Doch niemand war bereit, diese Fakten ernstzunehmen und sie auf sich wirken zu lassen. Ich stieß in allen diesen Gesprächen auf Angst und Abwehr, wenn ich sagte, das bloße Ausagieren der Wut könne auf Dauer nicht genügen, um die Wirkung der vorausgegangenen Traumen aufzulösen, solange diese selbst ignoriert werden. Denn mein persönlicher Eindruck war, daß hier Kinder mit den fragwürdigen Mitteln der Gewalt zwar zum *Abreagieren* von Gefühlen gebracht, aber am *Erlebnis* der spezifischen, mit den früheren Traumen verbundenen Gefühle gehindert wurden, weil diese Geschichte den Müttern und der Ärztin angst machte.

Die Kinder dürfen also die primären Ursachen ihrer Verzweiflung nicht entdecken und müssen ihr Wissen im Dienste der Versöhnung mit der Mutter noch tiefer verdrängen, um die jetzt endlich geäußerte Zuwendung der Mutter auf keinen Fall zu verlieren. Der erzieherische Charakter dieser Therapie liegt in der Erpressung der kindlichen Liebe, der Liebessehnsucht des Kindes, seiner großen Anpassungsfähigkeit und vor allem seiner Fähigkeit zu unerhörten Leistungen für die leiseste Hoffnung auf Liebe, wie ich sie im *Drama des begabten Kindes* beschrieben habe. Diese Hoffnung hat ein autistisches Kind verloren. Bei den festgehaltenen Kindern wird sie täglich geweckt, und das Kind zeigt sehr bald, zu welchen Leistungen es aufgrund dieser Hoffnung fähig ist. Aber die volle Entfaltung seiner Persönlichkeit ist nicht identisch mit guten Schulleistungen, sie braucht mehr als Hoffnung, sie braucht die Gewißheit, daß die Eltern die Wahrheit des Kindes ertragen, ihr nicht aus Angst ausweichen und es niemals für ihre Zwecke manipulieren. Diese Gewißheit kann ein Patient in der „Festhaltetherapie" nicht erlangen.

Meine Warnungen vor diesen manipulativen, für mein Gefühl erpresserischen Seiten der „Festhaltetherapie" habe ich in dem Buch *Das verbannte Wissen* publiziert. Das war geschehen, noch bevor ich von dem Buch *Der kleine Tyrann* Kenntnis erhielt, das die erzieherische Haltung dieser Therapieform unmißverständlich entlarvt. Ich habe aber noch nie erlebt, daß moderne Propheten der Pädagogik, vom Kampf mit dem „kleinen Tyrannen" wie einst Dr. Schreber besessen und von der geschickten Sprache der Schwarzen Pädagogik fasziniert, meine Bücher wirklich verstanden, wenn sie sie überhaupt gelesen haben. Diese Ahnungslosigkeit in bezug auf meine Haltung kann derart groteske Folgen haben, daß meine Warnungen sogar in volle Zustimmung umfunktioniert werden können.

Meine eigene Befreiung war erst möglich, als ich begriffen hatte, daß die Angst vor der Wahrheit und die Ignoranz eines Helfers kein unabwendbares Schicksal, sondern eine Wahl des Erwachsenen sind, der, im Gegensatz zum Kind, die Möglichkeit *hat*, die Verdrängung aufzugeben. Man *kann* sich dazu entschließen, die intellektuelle Abwehr und die Blindheit aufzulösen, die durch die „Erziehung" des Kindes entstanden sind. Erst als ich mit Sicherheit wußte, weil ich es an mir erfahren hatte, daß seelische Blindheit, Destruktivität und Selbstdestruktivität aufhebbar sind, gab ich es auf, die Täter verstehen zu wollen, erst dann wagte ich, mir ihre Taten genau anzusehen und diese zu verurteilen. Ich habe auch begriffen, daß es vollkommen nutzlos ist, ein Gegenüber zu verstehen, solange es sich nicht selbst verstehen will. Und gerade das hatte ich ja mein Leben lang versucht: als Kind, als Frau, als Psychoanalytikerin und teilweise auch noch als Autorin der ersten drei Bücher.

Seitdem ich unumwunden sage und schreibe, daß Kindesmißhandlungen das größte Verbrechen der Menschheit gegen die Menschheit sind, weil sie die nächsten Generationen charakterlich schädigen und dank der Verdrängung durch die Opfer, Therapeuten inbegriffen, unerkannt bleiben, wirft man mir Unerbittlichkeit und Härte vor. Wie soll man den Eltern ihre Wut verbieten, wird oft gefragt. In solchen „Argumenten" wird leider kaum zwischen dem *Gefühl*, das ja niemanden tötet, und den gefährlichen *Aktionen* unterschieden. Selbstverständlich müssen auch Eltern ihre Gefühle zulassen dürfen. Ihre Kinder straflos schlagen, ohrfeigen oder auf andere Weise demütigen, dürfen sie jedoch auf keinen Fall, weil sie damit einen wachsenden Organismus verletzen und lebenslang schädigen, also ein Verbrechen begehen.* Eltern, die fühlen *können*, die sich ihrer Gefühle bewußt sind und ahnen, daß ihre unbändige Wut zwar vom Kind ausgelöst wurde, aber eigentlich nicht ihm gilt, laufen auch weniger Gefahr, ihre Wut abzureagieren und sie in erzieherischen Aktionen zu tarnen. Ich spreche hier im vollen Bewußtsein von „Schuld" und von „Opfern", nicht von „Ursachen" und „Wirkungen", wie man es mir freundlich empfiehlt. Denn Kinder werden von *Menschen* geopfert, von ihren Eltern, nicht von Automaten. Diese Menschen haben kein Recht, sich wie zerstörerische Automaten zu verhalten und in ihrer Ignoranz zu verharren, auch wenn die herkömmlichen Meinungen und sogar moralische und religiöse Gebote sie darin unterstützen, indem sie den Opfern Verzeihung predigen. Eines Tages *wird* die lebenszerstörende Wirkung dieser Gebote mehr als deutlich erkennbar.

Sandor Ferenczi, Robert Fliess und Heinz Kohut begannen zwar, der Wahrheit über Kindesmißhandlungen auf die Spur zu kommen, sind aber nicht zu ihr durchgedrungen, weil sie bis zu ihrem Tod Analytiker geblieben sind. Ohne den Zugang zur Wahrheit über ihre Kindheit konnten sie keinen Ausweg aus dem Dunkel, aus dem Labyrinth

---

* In zwei weiter unten zitierten Leserbriefen (S. 76 f. und 80 f.) bin ich auf diese Frage genauer eingegangen.

der analytischen Theorien finden. Sie warteten vergeblich, daß ihre Kollegen endlich das Selbstverständliche, nämlich die Folgen der Verdrängung von Kindheitstraumen bestätigen würden, die sie an ihren Patienten entdeckten. Sie wurden durch die Ablehnung ihrer Kollegen stark verunsichert und fühlten sich isoliert, weil ihnen die Erfahrung mit der eigenen Kindheit fehlte. Hätten sie den Weg zu ihrer Kindheit und damit zur Wahrheit gefunden, dann hätten sie sich nicht isoliert gefühlt. Denn mit der eigenen Wahrheit zu leben heißt, bei sich zu sein, und das ist das Gegenteil der Isolierung. Isoliert fühlt man sich, wenn man *von sich selbst* getrennt ist und auf der Flucht vor der Wahrheit lebt. Hunderte von Freunden und zustimmenden Bewunderern können diesen Verlust nicht ersetzen.

Daher fühle ich mich nicht mehr isoliert, seitdem ich die kaum faßbare Isolierung meiner Kindheit gefühlt habe. Diese Gefühle ermöglichten mir, mich von den nun überflüssig gewordenen theoretischen Meinungen zu befreien und die Scheuklappen abzulegen, die mir unerträglich wurden und die mich am Leben hinderten. Als Kind benötigte ich sie unbedingt zum Überleben, weil ich vor Schmerz hätte sterben müssen, wenn ich, wie heute, in vollem Umfang gesehen und gefühlt hätte, wie meine Eltern mit mir umgingen und was dies für Konsequenzen hatte. Doch jetzt, als Erwachsene, kann ich die Wahrheit ertragen. Ich muß auch die schmerzhafte Wahrheit ertragen, daß ich durch meine einstige Hoffnung, die Psychoanalyse verändern zu können und die Analytiker aufzurütteln, zumindest einige meiner Leser ungewollt an meiner Selbsttäuschung habe teilnehmen lassen. Meinen ehemaligen Patienten habe ich meine Zweifel deutlich mitgeteilt, als ich 1980 meine Praxis schloß, um mir durch das Schreiben und später durch die Therapie Klarheit zu verschaffen. Doch leider glaubten manche von ihnen noch an die Möglichkeiten der Veränderung innerhalb der psychoanalytischen Schule.

Die Konsequenz meiner Wahrheit ist, daß ich so deutlich wie möglich werden muß – *jetzt*. Ich will dafür wirken, daß die Welt nicht weiter uneingeschränkt von zerstörerischer Blindheit regiert wird. Das kann ich am besten auf den Gebieten tun, in denen ich mich auskenne, weil ich dort meine Erfahrungen damit gemacht habe. Dazu gehört jetzt auch die Therapie, die ich als Patientin kennenlernen durfte. Meine Erfahrungen mit dieser Therapie machte ich im Verlauf weniger Jahre, nachdem ich mich jahrzehntelang bemüht hatte, erfolglos und nicht unbeschadet, den psychoanalytischen Irrgarten zu verlassen.

Warum waren diese Bemühungen erfolglos? Habe ich nicht – ohne es zu realisieren – die Psychoanalyse schon mit dem Buch *Das Drama des begabten Kindes* verlassen, als ich bereits 1979 in der Einleitung den völlig unanalytischen Satz schrieb: „Die Erfahrung lehrt uns, daß wir im Kampf mit den seelischen Erkrankungen auf die Dauer nur ein einziges Mittel zur Verfügung haben: die Wahrheit unserer einmaligen und einzigartigen Kindheitsgeschichte emotional zu finden"?

Dieser erste Satz meines ersten Buches drückte aber damals nur meine Erfahrungen mit Patienten aus. Denn 1979 fehlte mir immer noch das geeignete Instrumentarium, um das, was ich mir mein Leben lang wünschte, verwirklichen zu können, nämlich *meine* Wahrheit zu finden. Auch fehlte mir damals ein wissender Zeuge. Da ich das Instrumentarium vergeblich in der Psychoanalyse suchte, verlor ich unendlich viel Zeit. Und als ich es später schließlich außerhalb der Psychoanalyse fand, brauchte ich wieder viel Zeit. Denn der Weg vom intellektuellen Begreifen zur Auflehnung, zum emotionalen Verständnis des Kindes und seiner Körpersprache läßt sich nicht mit Hilfe von gedanklichen Konstruktionen verkürzen. Doch ohne diesen Weg zurückgelegt zu haben, bleiben wir weiter den vornehmen Lügen ausgeliefert, machtlos und blind, mögen wir noch so intelligent, gewandt oder gar brillant sein.

Das Leben Friedrich Nietzsches gibt Auskunft über die Ohnmacht eines herausragenden Intellekts, der sich mit allen ihm zur Verfügung stehenden Mitteln weigert, das im Körper gespeicherte Wissen über die ersten quälenden Erfahrungen seines Lebens ins Bewußtsein aufzunehmen. Nietzsche schafft gigantische Werke, in denen er gegen die einfache Wahrheit des schwer mißhandelten, mißbrauchten und konstant betrogenen Kindes ankämpft. Schon als Schulkind leidet er unter schwerem Rheuma, ständigen Kopf- und Halsschmerzen, ohne daß jemand diese Notrufe versteht. Um auf keinen Fall erfahren zu müssen, was er als Kind erleiden mußte, weil ihm dabei kein Mensch beisteht, verliert er als Fünfundvierzigjähriger den Verstand.

Die Medizin hat für solche selbstdestruktiven Lösungsversuche ihre bewährten Etiketten. Doch Nietzsches Zusammenbruch in Turin war keine ausweglose Notwendigkeit. Er hätte nicht geschehen müssen, und er *wäre nicht* geschehen, wenn nur eine einzige Person, ein „wissender Zeuge", Nietzsche geholfen hätte, seiner Kindheit nicht mehr auszuweichen und die Leiden des betrogenen Kindes endlich ernstzunehmen. In seinem ganzen Leben ist er nie einer solchen Person begegnet, und *deshalb* mußte sein Leben dieses tragische Ende nehmen: das Ende eines Menschen, der seine Wahrheit suchte und sie zugleich fürchtete, der aber in seiner grenzenlosen Einsamkeit, von niemandem unterstützt, nicht der Wahrheit, sondern *der Angst vor der Wahrheit* erlegen war. Ein einziger Mensch, der die Wahrheit über die Kindheit nicht fürchtet, hätte sein Leben vor der Zerstörung retten können.

Es ist schon schwer genug, Lügen deutlich als solche zu erkennen, wenn nur eine Person, von der wir Hilfe erwarten, auf der Lüge beharrt. Anerzogener Anstand und unsere Not hindern uns, diese Person zu entlarven. Doch wieviel schwieriger ist es, Lügen zu durchschauen, die *alle* in unserer Umgebung für die Wahrheit halten, nur weil sie selbst Opfer dieser Lügen waren? So entstehen aus ehemaligen Opfern der Verwirrung spätere Meinungsmacher und Stützen der Macht in der Gesellschaft.

Die Zeitschrift „Paris Match" berichtete 1989 von einer kürzlich durchgeführten Umfrage unter Gymnasiasten, in der 78 Prozent der Befragten die Schläge in ihrer Erziehung als notwendig und richtig bezeichneten. Das bestätigt meine Behauptung, daß die allgemeine Bejahung der körperlichen Strafe und Züchtigung nicht bereits der Vergangenheit angehört, wie es meine Kritiker so gerne sehen möchten. Doch darüber hinaus zeigt diese Untersuchung mit erschreckender Deutlichkeit, wie früh sich die erfahrenen und gelernten Lügen bereits in den Jugendlichen zu Meinungen und Überzeugungen verfestigen. Da die Mehrheit sie vertritt, sind sie in ihrer Destruktivität und Unwahrheit für viele schwer durchschaubar, besonders, wenn zutreffende Informationen fehlen. Die geschlagenen Gymnasiasten halten das, was sie aus Erfahrung kennen, für selbstverständlich und normal und das, was man ihnen sagte, für richtig, nämlich, daß Kinder Schläge brauchen. Sie hinterfragen diese Meinungen nicht, *weil* geschlagene Kinder Angst haben, ihre Eltern in Frage zu stellen. Sie übernehmen also die ignoranten und destruktiven Ansichten ihrer Eltern und *wissen nicht*, daß es überhaupt Eltern *gibt*, die ihre Kinder lieben und niemals schlagen, und daß deren Kinder eben *nicht* zu Tyrannen und Verbrechern, sondern zu glücklicheren und bewußteren Menschen heranwachsen, die anderen helfen und sie niemals schädigen wollen. Das gilt auch für Menschen, die zwar in der Kindheit verletzt wurden, aber die blind machenden Folgen dieser Verletzungen auflösen konnten, und die deshalb das destruktive Verhalten Kindern gegenüber eindeutig verurteilen können.

Dieses Wissen ist so entscheidend für das Überleben unseres Planeten, daß man meinen müßte, alle Zeitungen würden täglich darüber informieren wollen, um die Menschen vor den gefährlichen, falschen Propheten zu warnen. Man müßte meinen, alle Kirchenglocken müßten läuten, um die Gläubigen davor zu warnen, ihre demokratischen Rechte einzubüßen und sich künftigen zerstörerischen Tyrannen auszuliefern, die sich ja unmißverständlich durch die Bejahung der Gewalt in der Erziehung selbst entlarven. Denn heute kann man es wissen und dieses Wissen in *jedem* einzelnen Fall überprüfen: Wer behauptet, daß die in seiner Kindheit erfahrene Folter eine gute Erziehung war, sollte auf keinen Fall Macht über andere Menschen oder gar ganze Völker erhalten, weil er leicht zu einem destruktiven Herrscher werden könnte.

Unsere demokratischen Rechte an künftige Tyrannen und Diktatoren abzutreten, weil sie sich zunächst als die

„starken Väter" ausgeben und an unsere eigenen erinnern, gleicht einem kollektiven Selbstmord. Wir verfügen ja bereits über die nötigen Kriterien, um diese Gefahr rechtzeitig zu erkennen. Auch wenn wir seit unserer Kindheit (vgl. Kapitel II,4) auf den großen Erlöser aus der Not warten, können wir als Erwachsene Bescheid wissen, wie dieser Erlöser auf keinen Fall geartet sein darf. Denn es ist mehr als wahrscheinlich, daß ein Mensch, der erfahrene Mißhandlungen total verdrängt und verleugnet, eine Gefahr für alle anderen darstellt, die um so größer wird, je mehr Macht er in Händen hält. Das kann man immer wieder an Beispielen aus dem Leben von Stalin, Hitler und unzähligen ihrer Gefolgsleute in allen Einzelheiten nachprüfen. Nicht eine Ausnahme ist darunter zu finden, kein einziger Mensch, der zum Peiniger anderer wurde und die einst erlittene Pein nicht als richtig propagiert hätte.

Schweigemauern
in der Presse

*B*ei all meinen Versuchen, die hilfreichen, neuen Erkenntnisse in der Öffentlichkeit zu verbreiten, stieß
ich – wie Eva – auf die größten Widerstände bei den
Medien. Ich kann zwar ungestört diese Erkenntnisse in
meinen Büchern veröffentlichen, weil die Ängste mancher
Verleger und ihr Interesse am Verkauf meiner Bücher sich
die Waage halten, aber es gibt andere, die Wichtiges zu
sagen haben und die auf die Offenheit der Presse angewiesen sind. Sie und die Leser sind davon abhängig, daß man
wichtige Informationen nicht torpediert.
Die aus den Schmerzen der eigenen Kindheit stammende
Angst und Verwirrung durchziehen die ganze Gesellschaft.
Sie stützen die Mauer des Schweigens, an der all die
Menschen abprallen, die gerade begonnen haben, sich mit
ihrer Kindheit zu konfrontieren. Dennoch bekam diese
Mauer in den letzten Jahren einige Risse und Löcher, die
für einzelne eine große Bedeutung haben. Das Bröckeln
der Schweigemauer ist jenen Menschen zu verdanken, die
es wagten, eine aufdeckende Therapie auf sich zu nehmen,
und die das gewonnene Wissen mit anderen teilen.
Ich habe mich in den letzten Jahren nicht nur in meinen
Büchern geäußert, sondern auch gegenüber der Presse,
wenn es mir notwendig erschien, auf Verdrehungen der

Wahrheit zu reagieren. Diese Reaktionen möchte ich auch hier meinen Lesern zugänglich machen, damit sie sehen, daß sie mit ihren Erfahrungen nicht allein sind, aber auch, daß es heute nicht mehr selbstverständlich sein muß, die selbstgewählte Ahnungslosigkeit der anderen schweigend zu dulden. Gewiß, die unter Tränen gewonnenen Erkenntnisse kann man kaum mit denjenigen teilen, die ihre Erstarrung und emotionale Armut als die einzig mögliche Lebensform betrachten. Aber die andern, die ihre bisherige Erstarrung nicht mehr ertragen können und wollen, sind für alle wahren Berichte dankbar, die ihnen die Reisenden in das verschüttete, gemiedene und doch so einflußreiche Land der Kindheit zukommen lassen. Diese Informationen bedeuten für sie Ermutigung, weil sie sie darin bestätigen, daß sie selber in ihren Schmerzen und Tränen auf dem Weg zur Wahrheit sind.

Neben dem Wunsch, mit den Auszügen aus meinen Briefen Suchende und mit der Arroganz der Ahnungslosen Kämpfende zu unterstützen, gibt es für mich noch einen anderen Grund, die folgenden Briefe zu publizieren. Ich will zeigen: Selbst wenn wir die Ursachen der Abwehr der Wahrheit kennen, so darf uns dies nicht daran hindern, die destruktiven Konsequenzen dieser Haltung anzuklagen und zu verurteilen, wo immer wir ihr begegnen. Zu der Zeit, als ich das *Drama* schrieb, habe ich das noch nicht so klar gesehen; daher wurde meine damalige alles verstehende und alles verzeihende Haltung ausgiebig gelobt. Aber um etwas zu verändern, um die Barbarei gegen Kinder, die auf einer jahrtausendealten Tradition beruht, aufzuhalten, genügt es nicht, wie ich damals meinte, sie bloß aufzuzeigen. Die Betroffenheit, die ich bei meinen Enthüllungen erwartete, stellt sich bei vielen gar nicht ein, weil sie ihren

Gefühlen grundsätzlich ausweichen und alles bestreiten. Solange viele Menschen mit großer Verantwortung für andere Menschen (Ärzte, Therapeuten, Redakteure) diese Barbarei leugnen oder bagatellisieren, muß aufgezeigt werden, *daß* und *wie* sie dies tun. Beides muß verurteilt werden. Das ist ein Teil meiner Aufklärungsarbeit über das Phänomen Kindesmißhandlungen.

Statt abstrakt über „gesellschaftliche Strukturen" zu philosophieren, beziehe ich mich auf Fakten aus dem uns umgebenden Alltag, die jeder, der die Konfrontation mit Fakten nicht fürchtet, überprüfen kann. Wer dieser Konfrontation um jeden Preis ausweichen will, schlägt nicht selten aus Hilflosigkeit zu. Doch auch das muß aufgezeigt werden, und zwar damit diese Schläge aus Hilflosigkeit nicht länger andere verletzen, einschüchtern und deren Aufklärungsarbeit zerstören können.

Die Unterdrückung der Wahrheit über die Verbrechen an Kindern ist ebenfalls ein Delikt, weil sie die Rettung der Kinder und unserer Zukunft zu verhindern sucht. Für das, was einem Rezensenten als „schrille Töne" in meinen neuen Büchern erscheint, habe ich eine andere Bezeichnung: Es ist die gut überlegte und vollkommen bewußt getroffene Entscheidung, denen mein Mitleid und mein Verständnis zu entziehen, die sich nicht damit begnügen, aus Angst in die Ignoranz zu fliehen, sondern sich *aktiv* daran beteiligen, das schlimmste Verbrechen zu verkleinern, zu verschleiern, zu verdecken, und es dadurch erhalten.

Nach dem Erscheinen einer Rezension über meine letzten beiden Bücher in einer Tageszeitung, die die Unerläßlichkeit der von mir angestrebten psychohygienischen Maßnahmen bagatellisiert hatte, schrieb ich an den Redakteur einen Brief, den ich hier gekürzt wiedergebe:

74

Sie leben in einem Land, in dem zwei Drittel der von der Zeitschrift „Eltern" befragten Menschen das Schlagen wehrloser Kinder für richtig und notwendig hält, d. h., daß Millionen von Kindern ständig in Gefahr schweben, weil ihre Eltern diese Gefahr noch nicht als solche gelernt haben zu sehen. Es dürfte Ihnen bekannt sein, daß trotz täglicher Zeitungsberichte über Kindesmißhandlungen sehr wenige fachliche Publikationen zu diesem Thema erscheinen, und wenn ja, dann werden sie wenig gelesen, weil dieses Thema allgemein gemieden wird. Nun erscheint das Buch *Das verbannte Wissen* von einer Autorin, die trotz der gefürchteten Thematik glücklicherweise doch viel gelesen wird. Sie beschreibt in diesem Buch, was Eltern ihren Kindern zwanghaft antun, warum sie das tun, wohin das führt und wie diese Tragik *vermieden* werden kann. Zahlreiche Leserbriefe bezeugen, daß diese Informationen hilfreich sind. Sie erhalten mit diesem Buch eine Chance für Ihre Leser. Was machen Sie mit dieser Chance?

Sie lassen eine Rezension dieses Buches erscheinen, nach deren Darstellung eine ehemals einfühlsame Psychoanalytikerin offenbar ihren Verstand und ihr Verantwortungsgefühl verloren hat, denn sie rufe neuerdings zu Haß auf, renne aber auch offene Türen ein, sei wohl durch eigene erlittene Mißhandlungen in der Kindheit von Blutphantasien verfolgt, ja geblendet, und sehe Grausamkeiten auch da, wo diese ja gar nicht zu finden seien.

Eine noch groteskere Verzerrung der Tatsachen ist wohl kaum denkbar. Ich habe mich entschlossen, zu fühlen, was es heißt, *ein Kind ahnungsloser Eltern* zu sein, und darüber zu berichten. Ich tue es immer wieder, um Eltern und die Gesellschaft auf das Leid der Kinder aufmerksam

75

zu machen, damit sich die Einstellung und das Verhalten der Erwachsenen ändern. Daß *Sie* sich dazu entschlossen haben, meine Initiative nicht zu unterstützen und Ihrer Leserschaft wichtige Informationen vorzuenthalten, ist aus sozialpolitischen Gründen bedauerlich und mir völlig unverständlich.

Vor 9 Jahren wurde *Das Drama des begabten Kindes* in Ihrer Zeitung ausführlich gelobt, vermutlich, weil seine Aussage lautete, daß es sich bei Kindesmißhandlungen um eine ausweglose Tragik handele. Das verpflichtet zu nichts. Jetzt, da ich zeigen konnte, daß und wie diese Tragik *abwendbar* ist, werden die Aussagen meiner Bücher unterschlagen. Findet sich nicht alles schon bei Adalbert von Chamisso? Nein, leider nicht. Sonst wäre unsere Welt heute anders, als sie ist. Und zuviel Zeit haben wir auch nicht mehr zu verlieren, bis wir bereit sind, die Augen für die neuen Erkenntnisse zu öffnen. – Sind Sie wirklich daran interessiert, daß der Prozentsatz der schlagenden Eltern in Deutschland auf keinen Fall zurückgeht? Das kann ich schwer glauben. Doch nach der Lektüre dieser Rezension in Ihrem Blatt drängt sich diese Frage zwangsläufig auf.

Nachdem sich der Rezensent für seine „unbeabsichtigten" Verleumdungen schließlich entschuldigte, schrieb ich den folgenden Leserbrief, der von der Zeitung gedruckt wurde:

In der Besprechung meiner Bücher *Der gemiedene Schlüssel* und *Das verbannte Wissen* ist durch die Verkürzung eines Zitats ein irreführender Eindruck entstanden. An der entsprechenden Stelle (*Das verbannte Wissen*, Seite 198)

76

heißt es: „Der verdrängte, unbewußte Haß wirkt zerstörerisch, aber der *erlebte* Haß ist kein Gift, sondern einer der Wege aus der Falle von Verstellung, Heuchelei oder offener Destruktivität." Aus dem Zusammenhang geht hervor, daß das bewußte Erleben von Haß in der Therapie vor einem blinden Ausleben, Ausagieren, Abreagieren von Haß schützt. Es handelt sich hier um den entscheidenden Unterschied zwischen Erleben = Gefühl und Ausleben = Tat, die unter Umständen Menschenleben zerstören kann. Diese Differenzierung gehört zur Achse meines Buches, das ohne sie gar nicht verstanden werden kann. Durch das Weglassen des Kursivdrucks beim Wort erlebter Haß (im Gegensatz zum verdrängten), durch das Verschweigen des Zusammenhangs (in der Therapie) und durch das seltsame Wort „preisen" entsteht der Eindruck, die Autorin würde in unverantwortlicher Weise zum Ausagieren von Haß ermutigen. Eine derartige Darstellung widerspricht allem, was ich je geschrieben und vertreten habe, da ich gerade wiederholt vor den Gefahren des Auslebens unter Berufung auf das Beispiel Adolf Hitler warne. Ich „preise" nicht den Haß und ermutige auch nicht zu dessen Ausagieren gegen die Eltern. In dem Buch *Der gemiedene Schlüssel* habe ich anhand des Beispiels von Abraham und Isaak genau erklärt, weshalb dies nicht der Weg sein kann. Und daß es sowohl humane als auch effektive Wege der Befreiung gibt.

Ende 1989 beschloß eine angesehene Wochenzeitung, eine angebliche Rezension meiner neuen Bücher erscheinen zu lassen, in der die Meinung vertreten wurde, ich hätte ja bereits alles Nötige über die „armen Kinder" im *Drama* gesagt, dem sei nichts mehr hinzuzufügen. Alle meine späteren Bücher seien deshalb eine völlig überflüssige Wiederholung des ewig Gleichen, was auch in Zukunft von mir nicht anders zu erwarten sei.

Ich versuchte, die Redaktion darauf aufmerksam zu machen, daß diese „Meinung" nicht mit einem einzigen Wort belegt oder begründet werde und daß der Inhalt meiner neuen Bücher durchweg unterschlagen bleibe. Für die Redakteure schien dieses Vorgehen durchaus normal zu sein. Niemand zeigte sich darüber erstaunt. Mein hier abgedruckter Leserbrief, der ohne den letzten Satz veröffentlicht wurde, informiert über die Einzelheiten:

Der Titel dieser „Rezension" – „Das bekannte Wissen" – enthält eine Behauptung, die durch den Inhalt widerlegt wird. Wenn es tatsächlich so wäre, daß das Wissen über Ursachen und Folgen von Kindesmißhandlungen – das Thema meiner beiden letzten Bücher – in Deutschland längst bekannt wäre, wenn dieses Wissen nicht eben *immer noch verbannt* wäre, hätte Ihr Rezensent nicht mehr die Chance, dieses Thema öffentlich zu verspotten. Seine Chance beweist das Gegenteil seiner Behauptung.

Der Artikel macht den Eindruck, als würde sich einer die Ohren fest zuhalten, um nicht etwas zu erfahren, das er auf keinen Fall hören will. Offenbar benötigte dieser Mensch mehr als ein Jahr für den Entschluß, zumindest meinen Klappentext zu lesen, aber er brachte es schließlich nur bis zur Hälfte des ersten Satzes des Klappentextes, der im Original heißt: „Wie in ihren ersten Büchern befaßt sich Alice Miller auch hier *vornehmlich mit Fakten.*" Doch offenbar löst bereits dieser Satz beim Rezensenten eine erhebliche Verwirrung aus, denn er schreibt: „Befaßt sich Alice Miller auch hier ,*nach wie vor*', ja, mit was? Nun, der kundige Leser braucht diese Bücher nicht mehr aufzuschlagen ..." So leicht kann es sich ein verwirrter Rezensent machen. Er braucht die rezensierten Bücher nicht zu lesen.

Es ist erschreckend und bedauerlich, daß in Ihrer Zeitung dem Thema und den Opfern der Kindesmißhandlungen soviel Hohn entgegengebracht wurde.

Was für den einen ein Geschenk ist, kann für den anderen eine Strafe bedeuten. Menschen, die ihre Verdrängung auflösen wollen, finden in meinen Büchern Informationen, die sie gebrauchen können, aber manche Rezensenten, die aus rein beruflichen Gründen gezwungen sind, diese Bücher zu lesen, sind damit offensichtlich überfordert. Sie stehen plötzlich und unvorbereitet dem Leiden ihrer Kindheit gegenüber und können gar nicht schnell genug nach der erstbesten Waffe greifen, um gegen die alte, jetzt aufbrechende Ratlosigkeit und Verwirrung anzukämpfen, um sich wieder „stark" zu fühlen. Sie entziehen sich also von vornherein der Wirkung dieser Bücher, indem sie in vertraute Lehrgebäude flüchten, die ihnen als gesichert erscheinen. In einem dieser vielen Fälle schien es mir sinnvoll zu reagieren, und ich schrieb an den Rezensenten:

1. Es ist nicht meine „Theorie", sondern leider eine schlichte Tatsache, daß Kindesmißhandlungen zur Destruktion und Selbstdestruktion und damit zum Elend dieser Welt führen. Wenn Sie mir eine fundierte Widerlegung dieser Behauptung geben könnten, wäre ich Ihnen dankbar. Denn bis jetzt habe ich noch von keiner gehört.

79

2. Es trifft ferner nicht zu, daß es *mein* Problem sei, wenn Fachleute diese Gefahr nicht sehen, sondern vielmehr ist es das Problem dieser Fachleute, weil sie sich eine Blöße geben und Beweise ihrer Blindheit liefern. Sie werden noch lange in den Bunkern ihrer unbrauchbaren Scheinbegriffe Schutz suchen, wenn die anderen bereits daran sind, sich mit den unliebsamen Fakten auseinanderzusetzen, um etwas am Elend dieser Welt zu ändern. Dank ihrer Konfrontation mit den Fakten werden diese anderen Fachleute die übelsten Sorten der theoretischen Verbrämungen, unter anderen die Freudsche, deutlich als das erkennen, was sie sind: die Abwehr der Angst vor der eigenen Kindheitsgeschichte.

Im Gegensatz zu der intellektuellen Distanz und Unverbindlichkeit im vorangegangenen Fall mündete eine andere Rezension in eine Reihe kaum verhüllter Anwürfe. Wenn ich trotzdem darauf einging, so war es wegen der Verwechslung von Tat und Gefühl, der ich sehr häufig begegne. Ich schrieb:

In Ihrer Rezension meiner Bücher zitieren Sie korrekt einen Satz aus dem *Verbannten Wissen*, der lautet: „Wenn es gesetzlich verboten wäre, die Wut auf die eigenen Eltern bei den eigenen Kindern auszuagieren, müßte man nach anderen Wegen aus der Falle suchen und würde sie auch finden." Dazu meinen Sie: „Als ob sich Wut gesetzlich verbieten ließe." Aus dieser erstaunlichen Folgerung geht hervor, daß Sie offenbar keinen Unterschied sehen zwischen dem *Gefühl* und der *Handlung*, d. h. zwischen dem

80

Gefühl der Wut und dem Ausagieren bzw. Abreagieren dieses Gefühls auf unschuldige Ersatzpersonen (Kinder). Doch dieser Unterschied ist so entscheidend wie derjenige zwischen einer guten Therapie und einer Kindesmißhandlung oder z. B. zwischen Kafkas *Strafkolonie* und Hitlers Krematorien.

Da es sich hier um eine ganz zentrale Unklarheit handelt, möchte ich mich dazu äußern. Natürlich kann und soll man niemandem seine Gefühle verbieten. Doch das Ausagieren der Wut ist kein Gefühl, sondern eine *Tat*. Richtet sie sich auf andere Erwachsene, muß sie (ausgenommen bei körperlichen Verletzungen) nicht unbedingt verboten werden, weil der angegriffene Erwachsene *grundsätzlich* die Möglichkeit hat, den Mißbrauch seiner Person zu durchschauen, und weil er das Recht beanspruchen kann, sich gegen Arroganz zu wehren. Das Ausagieren der Wut auf wehrlose, abhängige Kinder hingegen *kann* und *muß* gesetzlich verboten werden, weil es ein Verbrechen ist, das lebenslange Folgen hat. Das gesetzliche Verbot von körperlichen Mißhandlungen besteht zwar bereits in Ansätzen, wobei seelische Mißhandlungen immer noch als Erziehung getarnt und unkritisch toleriert werden. Daß sich einzelne Journalisten und einige sich fortschrittlich verstehende Vereine *scheuen*, für dieses Verbot öffentlich zu plädieren, vergrößert das Leiden, ja sogar die Lebensgefahr, in der zahlreiche Kinder ständig schweben.

Als Reaktion auf einen Artikel, der das Thema „Hitlers Kindheit" als völlig irrelevant bezeichnete, schrieb ich folgenden Leserbrief:

Tausende von Historikern haben bereits die Frage gewälzt (und werden vermutlich nicht aufhören, sie weiterzuwälzen), wie der erwachsene Adolf Hitler in der Weimarer Republik zum Reichskanzler werden konnte. Sie haben recht, daß Niklas Radström in seinem Stück *Hitler's Childhood* diese Frage nicht analysiert hat. Dafür hat er etwas getan, was meines Wissens bisher kein anderer Dichter gewagt hat: Er hat sich entschlossen, sich ganz konsequent und bewußt auf die Seite eines schwermißhandelten Kindes zu stellen, von dorther sein Visier auf unsere erwachsene Gesellschaft zu richten und zu sehen, was dabei zum Vorschein kommt. Und es kommt tatsächlich vieles zum Vorschein. Auch wenn er sich auf meine Untersuchung gestützt hat – ohne die eigene Einfühlung in das Kind wäre ihm niemals dieser starke Text gelungen.

Es ist leider so: Die Beschäftigung mit der Kindheit macht uns angst. Sie ist gewiß nicht jedermanns Sache, und wir können froh sein, wenn andere diese emotionale und geistige Arbeit für uns tun. Denn die Kenntnis der Kindheit ist unumgänglich, wenn man den erwachsenen Menschen und das Leben wirklich verstehen will. Daß Radström diesen entscheidenden Schritt zur Realität machen konnte und auf unbrauchbare Theorien bewußt verzichtete, halte ich für ein wichtiges Ereignis, nicht nur in der Theatergeschichte. Die Perspektive des Kindes, die hier auf der Bühne gezeigt wird, kann nämlich zur Vertiefung unseres Wissens und Denkens, auch auf politischem Gebiet, beitragen. Der Titel Radströms war und ist *Hitlers Kindheit*, womit, wie er mehrmals betonte, diese eine, einmalige Kindheit gemeint war. Mit dem Zusatz „z. B." hat weder Radström noch habe ich etwas zu tun. Er entstand aufgrund bestimmter Überlegungen im Team des Zürcher

Kellertheaters, die ich verstehen kann, aber nicht teile. Diese Entscheidung des Teams ist auch im Spiel erkennbar, das zwar eine schwere, aber nicht eine kaum faßbare Kindheit darstellt, wie dies in der schwedischen Inszenierung der Fall war. Hätte Adolf Hitler auch nur annähernd, nur in wenigen Augenblicken die Erfahrung der freundlichen und netten Eltern gemacht, wie sie hier in Zürich auf der Bühne gezeigt werden, wäre er nicht zum größten Verbrecher der Geschichte geworden. Er hätte dann Gelegenheit gehabt, neben der Brutalität auch anderes, z. B. ein Mitgefühl für den Mitmenschen, zu speichern. Aber diese Erfahrung hat er nie gemacht. Das lese ich an der Ungebrochenheit seiner Haltung ab, einer Haltung, die in der Vernichtungswut keine Ausnahmen und kein Erbarmen kannte und die in der Ungeheuerlichkeit der „Endlösung" und des „Euthanasiegesetzes" zum Ausdruck kam. Er hatte nur Gewalt, Erbarmungslosigkeit und Haß gespeichert. Diese totale, ungebrochene, sehr früh gespeicherte Erfahrung, die Erfahrung des Kindes bei den eigenen Eltern, hat das aus ihm gemacht, was er später schließlich war: die totale Verkörperung des Bösen.

Diesen Brief habe ich 1986 geschrieben; damals kannte ich keine anderen Versuche, die Gesellschaft mit den Augen des Kindes darzustellen und diese Perspektive konsequent beizubehalten. Inzwischen habe ich das 1989 erchienene Buch *Still wie die Nacht. Memoiren eines Kindes* von Manfred Bieler gelesen, und ich meine, daß dem Erscheinen dieses Buches große Bedeutung zukommt. Mir ist jedenfalls nichts Vergleichbares bekannt. Was Radström durch seine Einfühlung in ein fremdes

Schicksal darzustellen versuchte, ergibt sich bei Bieler aus der erlittenen Wahrheit seines eigenen Schicksals. Er hat dem Kind, das er einst war, die Hand gegeben und es durch die vergessenen Höllen begleitet. Er hat die Konventionen der Erwachsenen abgeschüttelt, die dem Kind das Recht auf seine Empfindungen und Gefühle absprechen, indem sie sie verspotten, und er wurde dessen wissender Zeuge. Er konnte dies tun, weil er eine Großmutter hatte, die ihn manchmal vor den Eltern in Schutz nahm, also ein helfender Zeuge war. Als der kleine Manfred Bieler von seinem Vater mißhandelt wurde, hat die Großmutter einmal ihrerseits den Vater geschlagen. Damit zeigte sie dem Kind, daß ihm ein Unrecht geschah, daß dies von einem anderen Erwachsenen verurteilt wurde, daß es nicht vollkommen rechtlos war und Hoffnung auf Hilfe haben könne. Viele mißhandelte Kinder haben dies nie erfahren und wissen daher nicht, daß sie Hilfe verdient und auch bekommen hätten, wenn jemand in ihrer Umgebung weniger herzlos und ignorant gewesen wäre. Die Großmutter Bielers zeigte ihm durch ihre Zuneigung auch, daß er liebenswert war. All das hat Manfred Bieler ermöglicht, sich mit den Schmerzen seiner Kindheit zu konfrontieren, diese nicht vollständig zu leugnen und darüber zu berichten. Menschen, die keine helfenden Zeugen in der Kindheit hatten, könnten das nicht. Sie benötigten einen wissenden Zeugen in der Therapie, der ihnen den Zugang zu ihrer Geschichte erleichtern würde. Leider bringen viele „Therapien" die Geschichte des Kindes endgültig zum Verstummen.

Manche Reaktionen auf Bielers Buch spiegeln den Zynismus wider, mit dem Seelenmorde an Kindern begangen werden. Kritiker, die sich für „zuständig" halten, begegnen diesem Buch mit dem gleichen Spott, mit dem manche Eltern den Worten des Kindes seit jeher begegnen. Wenn diese Kritiker eine lebendige Erinnerung daran hätten, daß ihnen Ähnliches widerfahren ist, hätten sie auch die nötige Sensibilität für die Not anderer Kinder. Ihre Art, diese Not total zu verleugnen, zu verspotten oder zu bagatellisieren, ist die Folge ihrer eigenen totalen Verdrängung, die sie auf keinen Fall aufgeben wollen.

Wir werden zweifellos noch viel Zeit brauchen, um die Sensibilität für lebensfeindliche und lebenszerstörende Tendenzen zu entwickeln. Doch ohne diese Sensibilität sind wir den blinden, zerstörerischen Aktionen ausgeliefert, deren Gefahren man leicht unterschätzt, weil sie als harmloses intellektuelles Spiel imponieren und so die Destruktion tarnen. Die Unterdrückung der Wahrheit in verschiedenen Formen muß bekämpft werden, auch damit die einst mißhandelten Menschen diese Unterdrückung, die sie für normal halten, überhaupt als Unterdrückung wahrnehmen, damit sie sich nicht zu blinden Konsumenten der gedruckten Lügen mißbrauchen lassen.

Die in vielen Rezensionen meiner Bücher erkennbare Angst vor dem Thema Kindesmißhandlungen und die Abwehr dieser Angst sind durchaus verständlich, sie betreffen eigene, verdrängte Erfahrungen. Doch die bei der Lektüre auftauchenden Erinnerungen könnten auch hilfreich sein, wenn die Bereitschaft zu ihrer Bewältigung vorhanden wäre. Leider scheint die Furcht vor dem bloßen Thema „Kindheit" viel größer zu sein als diese Bereitschaft; das entspricht dem Gewicht des Abgewehrten. Und leider wird diese Furcht gar nicht erlebt, sondern eben mit allen möglichen Mitteln abgewehrt. Die einen erklären, das Thema Kindesmißhandlungen sei nun einfach mein persönliches Problem, das mich überall nur Grausamkeit sehen läßt; andere behaupten sogar unverfroren und mit der gleichen Sicherheit eines Leugnenden, es würde sich ja um längst „bekanntes Wissen" handeln. Noch andere sprechen meinen Beweisen den wissenschaftlichen Wert ab, weil diese Beweise „zu einfach" und „zu überzeugend" sind. Das ist man nicht gewöhnt, und das erzeugt Angst. Ein aufrichtiger Rezensent schrieb sogar: „Das Problematische an den Vorstellungen von Alice Miller ist, daß sie so ‚verflixt logisch' sind. In ihren letzten beiden Büchern formuliert sie ihre Theorie so klar und wohlklingend, daß der Leser ihr, fast ohne es zu merken, folgt." So wird hier die Überzeugungskraft der Fakten ausdrücklich als Gefahr registriert und daher als „problematisch" bezeichnet. Denn offenbar hätte man viel zu befürchten, wenn man sich den eigenen Fakten stellte. Die Angst vor den Fakten findet seit jeher Beruhigung in der Faszination durch verschleiernde, verdeckende Begriffe und Spekulationen. Im Gegensatz dazu kann die Wahrheit der Fakten Angst auslösen. Die Wahrheit könnte aber auch helfen, diese Angst aufzulösen, wenn man sie nicht leugnete und bereit wäre, sie anzuschauen.

Neu ist, daß Versuche in der Presse, die Wahrheit über die Kindheit zu unterdrücken, nicht mehr unwidersprochen bleiben. Hier und da gibt es wissende Zeugen, die die destruktiven, überholten und dennoch so weitverbreiteten Meinungen in der Öffentlichkeit korrigieren. Daher wäre es falsch und ungerecht, wenn man behauptete, daß alle geschlagenen Kinder ihr Leben lang ahnungslos bleiben müssen. Es gibt unbestreitbar Beweise für das Gegenteil: Menschen, die dank eines helfenden Zeugen in der Kindheit oder später das Bewußtsein des erfahrenen Unrechts erlangen konnten und daher auch die Fähigkeit haben, mit anderen mitzufühlen. Diese Menschen als larmoyant zu bezeichnen gibt zwar Auskunft über die eigene frühere Situation: daß nämlich kein Mensch jemals die Tränen des Kindes ernstnehmen wollte und daß das berühmte „Reiß dich zusammen" die Kinderwelt regierte. Doch wenn ahnungslose Rezensenten nach diesem Prinzip ihre kleine Welt regieren wollen, dann müssen sie mit Protesten rechnen, weil sie denen, die nicht ahnungslos sind, ihre Destruktivität offenbaren.

Eine Leserin, die sich dank eines helfenden Zeugen an ihre preußische, grausame Kindheit, die sie noch in den fünfziger Jahren erlebt hatte, mit Empörung und berechtigter Wut erinnern *kann*, sandte mir einen Leserbrief, der von der Wochenzeitung, die ihn drucken sollte, mit Schweigen beantwortet wurde. Ich will ihn hier zitieren, weil er stellvertretend für viele Menschen spricht, die mir geschrieben haben:

„Welches Kind hätte nicht Grund, über seine Eltern zu weinen?" Das ist ein Zitat von Nietzsche aus *Also sprach Zarathustra*. 60 Prozent der Männer und 70 Prozent der Frauen haben in einer Umfrage angegeben, ihre Kinder geschlagen zu haben. Wie viele Kinder sexuellen Mißbrauch ertragen müssen, 300 000, die Dunkelziffer ist hoch, konnte man gerade wieder in Zeitungen lesen. Anders Ihre Zeitung. Sie stopft in altbekannter preußischer, deutscher Manier dem klagenden Kind („larmoyant" ist das Lieblingswort arroganter, gefühlloser Rezensenten) den Knebel tiefer in den Schlund, haut ihm rechts und links eins um die Ohren (locker erfährt man, daß Alice Miller dem offenbar allseits „bekannten Wissen" nichts mehr hinzuzufügen habe) und macht sich in trostloser, intellektuell verklemmter Grausamkeit zum Anwalt des größten Tabus, zum Anwalt all der Meister der Verleugnung des Verbrechens an Kindern, die so banal „Kindesmißhandlungen" genannt werden.

Aus den Briefen der Leser lerne ich täglich, daß die Welt heute nicht mehr so ist wie zur Zeit meiner Kindheit, daß es doch Menschen gibt, die dem Hohn, der Ignoranz und der Lüge auch in der Öffentlichkeit entgegenwirken können. Dieser Leserbrief ist auch ein Beweis dafür, daß man eben nicht mehr von „der" deutschen Manier sprechen kann. Es gibt in Deutschland bereits beides: die immer noch blinden Zerstörer, aber auch schon die wissenden, aufgeklärten Zeugen der mißhandelten Kinder, die sich zum erstenmal in der Geschichte der Menschheit dafür einsetzen, der ganzen Wahrheit über Kindesmißhandlungen zum Durchbruch zu verhelfen.

II
Fakten

Kindesopfer als „Tradition"

Statistiken belegen, daß auf der Welt heute mindestens 74 Millionen Frauen leben, denen man die Klitoris vor ihrer Heirat entfernte. Es handelt sich um einen alten Brauch, gegen den inzwischen sogar afrikanische Frauen protestieren. Doch ihre Proteste werden nicht nur von Männern, sondern auch von Frauen, die diesen Brauch *bejahen*, mit Empörung und Drohungen quittiert. Warum verhalten sich auch Frauen so? Sind sie nicht selbst Opfer dieses Brauches gewesen, der auf der unmenschlichen Forderung gründet, Frauen sollten beim Sexualverkehr keine Lust empfinden? Müßten die afrikanischen Frauen von heute nicht ihre eigenen Töchter vor diesem Verlust, vor dem brutalen Schmerz und vor der Gefahr der Infektion, durch die nicht wenige sterben, schützen wollen? Das wäre zweifellos naheliegend, wenn das Gesetz der Verdrängung der Wut hier nicht am Werke wäre. Und verdrängte Wut wird unbewußt an der nächsten Generation ausagiert.

Das Ausschneiden der Klitoris bei einem zwölfjährigen Mädchen, ob nun mit oder ohne Anästhesie, wird ja von erwachsenen Frauen ausgeführt, die einst Opfer der gleichen Prozedur waren, deren Bewußtsein aber ihre Lage nicht registriert hat. Sie haben sich geholfen, indem sie

sowohl die Schmerzen als auch die Wut und Rachewünsche aus ihrem Bewußtsein verdrängten und den Brauch
sogar idealisierten. Als junges Mädchen durften sie sich
nicht wehren und mußten ihre Gefühle verdrängen – das
ist verständlich. Aber heute erklären sie als Folge dieser
Verdrängung, daß diese Prozedur richtig, notwendig und
harmlos sei. Sie können sich an den verdrängten Schmerz
nicht erinnern, sie haben ihren Verlust nie betrauert, ihn
als naturgegeben angesehen, und in der Folge muten sie
das gleiche ihren Kindern zu, ohne auch nur wissen zu
wollen, was sie ihnen damit antun.

Vor einem europäischen Gericht, das über die Ursachen
einer tödlich endenden Kastration dieser Art zu urteilen
hatte, verteidigte sich die Mutter mit dem Argument, daß
ihre Tochter ohne diese Operation nach ihrer Rückkehr in
die Heimat keinen Mann gefunden hätte. Daher sei diese
Operation unbedingt notwendig gewesen. Die vor der
Kamera interviewte Mutter schien absolut keine anderen
Motive hinter ihrem Verhalten zu vermuten.

In den Ohren eines Europäers klingt es mehr oder weniger
absurd, daß eine so gravierende Verstümmelung der Mädchen jahrhundertelang bejaht und heute noch gepflegt
wird. Doch bloß, weil er früh gelernt hat, an alle möglichen
anderen Lügen, nur nicht gerade an diese, zu glauben. Er
glaubt vielleicht, daß man mit einer strengen Erziehung
zum Gehorsam einen verantwortungsvollen und einfühl-
samen Menschen hervorbringt.

Ein unbefangener Leser könnte sich immerhin fragen:
Was hat der liebe Gott davon, daß Millionen von kleinen
Mädchen die Klitoris entfernt wird? Es wäre verständlich,
obschon nicht minder grausam, wenn es der *Vater* des
Mädchens wäre, der diese Beschneidung verlangte – weil

er vielleicht einst mit diesem Kind seine Lust befriedigte und sie ihrem künftigen Ehemann nicht gönnte. Oder weil er sich so stellvertretend an seiner Mutter rächte, wenn er seine Tochter, die Frau, leiden ließ. Aber was hat Gott damit zu tun? Weshalb wird Gottes Wille als Rechtfertigung für diese Abrechnungen ins Feld geführt? Symbolisiert Gott nur die Interessen der Menschen? Es ist kaum anders zu verstehen. Warum sollte Gott derart grausame Motive für seine Vorschriften haben? Und warum beten die Menschen derart grausame Götter an? Dies erscheint uns, die nicht beschnitten wurden, zumindest nicht physisch, als ganz und gar unverständlich.

Es gibt unterschiedliche Gründe für derartige, religiös getarnte Mißhandlungen an wehrlosen Kindern: Nicht nur die Rache der Erwachsenen für das einst erlittene und ins Unbewußte verdrängte Leid ist ein Auslöser. Der kritiklose Gehorsam gegenüber den Eltern und die von ihnen übernommene Überzeugung, mit der Beschneidung werde etwas Positives bewirkt, lassen diese Verstümmelung als bewahrenswerte Tradition weiterleben.

Trotzdem gibt es in den USA bereits junge Juden – darüber berichtete 1987 die Zeitschrift „Mothering" –, die, obwohl sie selbst religiös sind, die Beschneidung grundsätzlich ablehnen, weil sie deren Grausamkeit erkannt haben.

Ich habe im *Verbannten Wissen* ausführlich den Verhaltensforscher Desmond Morris zitiert, der nachgewiesen hat, daß keines der sogenannten medizinischen Argumente für die Notwendigkeit einer Beschneidung bei Männern stichhaltig ist. Das ist durch Untersuchungen in Amerika und England belegt. Es handelt sich um eine Mode, an der vor allem Ärzte verdient haben, die die Ignoranz und Leichtgläubigkeit der Bevölkerung ausgenutzt haben. Seit die Krankenkassen die Beschneidungen nicht mehr bezahlen, verlor dieser „Brauch" schnell seinen Reiz, und auch von medizinischer Notwendigkeit war nur noch auffällig selten die Rede.

Die Versuchung, die einst unterdrückten, gut begreiflichen, aber mörderischen Rachewünsche des vergewaltigten Kindes Jahrzehnte später ebenfalls an Kindern oder anderen Wehrlosen abzureagieren, ist so groß, daß ihr mit moralischen Sprüchen nicht beizukommen ist, um so weniger, als Religionen dabei dienlich sind, diese Form von Menschenopfer zu praktizieren, und sie sogar heiligen. Nur das Bewußtwerden dieser berechtigten Wut und der berechtigten Rachewünsche kann neue Verbrechen verhindern und den Teufelskreis der Ignoranz stoppen. Sobald eine beschnittene Frau imstande ist, der traurigen und empörenden Tatsache nicht länger auszuweichen, daß ihre Eltern sie einem sinnlosen religiösen Ritual geopfert haben, wird sie ihrer Tochter nicht mehr das gleiche antun wollen. Sie wird wissen, wer ihre Wut verdient hat, und nicht das unschuldige Kind für Verbrechen anderer, die ihr einst angetan worden sind, büßen lassen.

Auch wenn das furchtbare Ritual der Klitorisbeschneidung in unserem Kulturkreis nicht vorkommt, haben doch auch unzählige andere Menschen als Kinder immer wieder eine Amputation erleben müssen: die ihrer Gefühlswelt nämlich, die ihnen durch Mißhandlung und Erziehung grausam verstümmelt wurde.

Die jahrtausendealte Tradition der Kindesmißhandlung und Kindestötung läßt sich nicht von heute auf morgen überwinden. Das Wort „Tradition" hat noch immer einen positiven Beiklang. In der neutralen Schweiz, die nie einen Eroberungskrieg führte, deren Armee lediglich zur Selbstverteidigung existiert, wurde im Hinblick auf die Abrüstungstendenzen in Europa 1989 darüber abgestimmt, ob die Armee nicht ganz abzuschaffen sei. Ein älterer Mann, auf der Straße nach seiner Meinung befragt, erklärte, die Armee müsse auf jeden Fall erhalten bleiben. Und zwar „aus Tradition". Er hätte sich ja auch so äußern können: Man kann nie wissen, welcher unserer Nachbarn sich in Zukunft anders besinnt, wir wollen nicht abhängig sein von den Absichten unserer großen Nachbarn, weil uns unsere Unabhängigkeit zu wichtig ist, um ein Risiko einzugehen. Das alles hat er nicht gesagt. Er sagte nur, man müsse eine so aufwendige Armee aus Tradition behalten. Und der, der ihn befragte, hat sich offenbar nicht darüber gewundert.

Sehr viele Menschen denken ebenso über die Züchtigung von Kindern. Es sei eben Tradition, daher müsse man sie schlagen, sie rituellen Grausamkeiten ausliefern. Weil es eine Tradition war, mußten auch die chinesischen Mädchen Qualen erleiden und sich die Füße verstümmeln lassen. Weil es eine Tradition war, Menschen umzubringen, marschieren wir seit Tausenden von Jahren in den Krieg.

Heute sind wir am Wendepunkt. Wir können nicht länger Traditionen nur um ihrer selbst willen bejahen, wir können nicht länger die tradierten Kriegsspiele weiterspielen, ohne in vollem Ausmaß die Konsequenzen einer solchen Zerstörung endlich wahrzunehmen. Wir müssen uns bewußt werden, daß zu unserer Tradition auch die Kindestötung gehörte – unsere Blindheit dieser Tradition gegenüber ist bereits Folge dieser Praxis, und uns bleibt nichts anderes übrig, als uns der grausamen Seiten unserer Überlieferung bewußt zu werden, um diese nicht an künftige Generationen zu tradieren.

Die paranoiden Heilsbringer
und Baumeister totalitärer Regime

Adolf Hitler –
Von Seelenmorden an Kindern zur
Vernichtung ganzer Völker*

> „Was für ein Glück für die Regierenden, daß
> die Menschen nicht denken." (Adolf Hitler,
> zitiert nach Joachim Fest)

Kann man sich im heutigen Deutschland immer noch
der Einsicht entziehen, daß es ohne Kindesmißhandlungen, ohne Erziehung zum blinden Gehorsam mit Hilfe
von Gewalt keinen Hitler und keine Hitler-Anhänger
gegeben hätte? Also auch keine Millionen von Ermorde-
ten? Vermutlich hat sich jeder denkende Mensch der
Nachkriegszeit einmal die Frage gestellt: Wie konnte es
dazu kommen, daß sich ein Mensch eine gigantische
Todesmaschinerie ausgedacht hat und Millionen Helfer
fand, um sie in Gang zu setzen?

Das Monster Adolf Hitler, der millionenfache Mörder, der
Meister der Zerstörung und des organisierten Irrsinns, ist
nämlich nicht als Monster auf die Welt gekommen. Er
wurde weder vom Teufel auf die Erde geschickt, wie die
meisten meinen, noch wurde er vom Himmel gesandt, um
in Deutschland „Ordnung zu schaffen", dem Land Auto-
bahnen zu schenken und es von der Wirtschaftskrise zu
erlösen, wie mancher heute noch denkt. Er wurde auch
nicht mit „destruktiven Trieben" geboren, weil es die gar
nicht gibt. Unser biologischer Auftrag heißt, Leben zu

---

* Teile dieses Kapitels wurden in einem „Spiegel"-Sonderheft im April
1989 publiziert.

erhalten und nicht zu zerstören. Die Destruktivität eines Menschen ist ihm niemals angeboren, die vererbten Anlagen sind weder gut noch böse. Wie sie eingesetzt werden, hängt vom Charakter ab, der sich im Leben bildet und dessen Art durch individuelle Erfahrungen, vor allem in Kindheit und Jugend, und die späteren Entscheidungen des Erwachsenen bestimmt wird.

Hitler kam, wie jedes Kind, unschuldig zur Welt, wurde von seinen Eltern, wie viele Kinder damals, destruktiv erzogen, und später hat er sich selbst zum Monster gemacht. Er war Überlebender einer Vernichtungsmaschinerie, die im Deutschland der Jahrhundertwende „Erziehung" genannt wurde und die ich als das verborgene KZ der Kindheit bezeichne, das nie erkannt werden darf.

Wie dieses verborgene Grauen in seinem Reich zum manifesten Grauen wurde, habe ich sehr genau in meinem Buch *Am Anfang war Erziehung* und in meinen anderen Büchern, zum Beispiel in *Das verbannte Wissen* und *Der gemiedene Schlüssel*, beschrieben. Dort findet sich auch die genaue Beweisführung für all das, was ich auf den folgenden Seiten lediglich skizzieren will.

Jedes mißhandelte Kind muß erlittene Mißhandlungen, Verwahrlosungen und Verwirrungen total verdrängen, um nicht zu sterben, weil der kindliche Organismus das Ausmaß dieser Schmerzen nicht verkraften könnte. Erst dem Erwachsenen eröffnen sich andere Möglichkeiten, mit seinen Gefühlen umzugehen. Wenn er diese Möglichkeiten nicht nutzt, kann sich die einst lebensrettende Funktion der Verdrängung in eine gefährliche, zerstörerische und selbstzerstörerische Macht verwandeln. In Karrieren von Despoten, wie denen Hitlers und Stalins, können die einst unterdrückten Rachephantasien zu destruktiven Aktionen von unbeschreiblichem Ausmaß führen. Dieses Phänomen kommt im gesamten Tierreich nicht vor, weil kein Tier als Junges von seinen Eltern zur perfekten Verleugnung seines Wesens dressiert wird, um ein „anständiges Tier" zu werden. So zerstörerisch agieren nur Menschen. Kindheitsbeschreibungen von NS-Verbrechern, aber auch von Freiwilligen des Vietnamkrieges haben bestätigt, daß die ahnungslose Programmierung zur Destruktivität *immer* mit einer brutalen Erziehung zu unbedingtem Gehorsam und der totalen Mißachtung des Kindes begann.

Der Auschwitz-Kommandant Rudolf Höß zum Beispiel hat seine Kindheit selber treffend charakterisiert, allerdings, ohne in ihr die Wurzeln seiner Unmenschlichkeit zu sehen (vgl. R. Höß, *Kommandant in Auschwitz*, München 1963):

Ganz besonders wurde ich immer darauf hingewiesen, daß ich Wünsche oder Anordnungen der Eltern, der Lehrer, Pfarrer usw., ja aller Erwachsenen bis zum Dienstpersonal unverzüglich durchzuführen bzw. zu befolgen hätte und mich durch nichts davon abhalten lassen dürfe. Was diese sagten, sei immer richtig. Diese Erziehungsgrundsätze sind mir in Fleisch und Blut übergegangen.

Kindliche Regungen, Empfindungen und Gefühle zu unterdrücken ist Mord an der Seele des Kindes. Das Töten hat Höß als Junge früh an sich selber erfahren und gründlich gelernt. Er wartete nur etwa dreißig Jahre lang, bis das Regime ihm Gelegenheit bot, das Erlernte nun seinerseits anzuwenden.

Genauso funktionierten Tausende seiner Zeitgenossen. Anstatt das verbrecherische Tun der Eltern aufzuzeigen

98

und zu verurteilen, hatte man es durchwegs gelobt und verteidigt. Wenn das Bewußtsein über die Absurdität und Gefährlichkeit brutaler Erziehung schon bestanden hätte, wären keine Monster wie Höß möglich gewesen. Die Bereitschaft zum blinden Gehorsam und *die Nachfrage nach einem Mann wie Hitler wären dann in Deutschland einfach nicht vorhanden gewesen.*

Die jungen Menschen in Mittel- und Osteuropa, die heute auf die Straßen gehen, um gegen die Lügen ihrer Regierungen zu protestieren und mehr Freiheit zu verlangen, haben in ihrer Kindheit zweifellos Alternativen zum blinden Gehorsam und zur Heuchelei kennengelernt. Das beweisen sie bereits durch die Tatsache, daß sie fähig sind, für ihre Rechte einzustehen, ohne ihrer Sache durch blinde, unkontrollierte Destruktivität zu schaden, wie es die Terroristen der sechziger Jahre taten, deren Erziehung vollständig vom Geist der Schwarzen Pädagogik durchdrungen gewesen war. Für ihre angeblich menschenfreundlichen Ziele hatten diese, wie einst ihre Eltern, brutale Gewalt als Mittel gewählt. Die demonstrierenden Jugendlichen von heute sind in der Lage, den Terror des Stalinismus, dessen Lebensfeindlichkeit, Verlogenheit und Hohlheit zu entlarven — all das, mit dem sich ihre Eltern und Großeltern noch so gut arrangierten —, *weil* sie als Kinder etwas mehr Freiheit und Ehrlichkeit kennenlernen durften als die ältere Generation. Um unter Unfreiheit bewußt zu leiden, muß man einen Begriff davon haben, was Freiheit und Achtung des Lebens eigentlich sind.

Wer dies niemals erfahren hat, wer als Kind nur extreme Gewalt, Brutalität und Heuchelei kannte und ihr ausgeliefert war, ohne je einem einzigen helfenden Zeugen begegnet zu sein, demonstriert nicht für die Freiheit. Der fordert Ordnung mit Hilfe von Gewalt, genauso wie er als Kind gelernt hat: Ordnung und Sauberkeit müssen sein, um jeden Preis, vor allem um den Preis des Lebens. Die Opfer einer solchen Erziehung brennen darauf, mit anderen zu tun, was ihnen einst selbst widerfahren ist. Und wenn sie keine Kinder haben oder wenn sich diese ihrer Rache entziehen, marschieren sie für neue Formen des Faschismus. Der Faschismus hat im Grunde immer dasselbe Ziel: Wahrheit und Freiheit zu vernichten. Die als Kinder Mißhandelten, die diese Qualen durchweg verleugnen, benutzen jeweils zeitgemäße Etiketten und Parolen und stoßen damit bei ihresgleichen auf Zustimmung, weil sie dazu beitragen, auch die Wahrheit der anderen zuzudekken. Die perverse Lust an der Vernichtung von Leben, die sie als junge Menschen an ihren Eltern beobachtet haben, brennt in ihnen. Sie sehnen sich seit langem danach, auf der anderen Seite zu stehen, Macht zu besitzen, und dies – wie Stalin, Hitler, Ceauşescu und andere es getan haben – als *Erlösung* für andere auszugeben. Diese alte Sehnsucht aus der Kindheit bestimmt ihre politischen „Meinungen" und Reden, die *deshalb* politischen Gegenargumenten kaum zugänglich sind. Vernunft muß gegen solchen Verfolgungswahn machtlos bleiben, solange sie dessen Wurzeln, die in realen Bedrohungen aus der Kinderzeit liegen, verkennt oder sie ignoriert. *Der unbewußte Zwang, verdrängte Verletzungen zu rächen, ist stärker als jede Vernunft.* Das haben alle Tyrannen bewiesen, in der jüngsten Vergangenheit Stalin, Hitler und auch Ceauşescu. Einsicht in Argumente ist von einem Verirrten, der aus permanenter Panik handelt, nicht zu erwarten. Aber man muß sich vor ihm schützen.

100

Es ist der Zugang zur Wahrheit, der uns ermöglichen wird, diese Menschen, die sich nach der „Ordnung" durch Gewalt sehnen, daran zu hindern, ihre destruktiven Pläne auszuführen. Sobald die Gesellschaft das bereits bestehende und nachgewiesene Wissen über die Produktion von Brutalität, Gewalt und Menschenmißachtung in der Kindheit nicht mehr leugnet und deren Gefahren nicht mehr bagatellisiert, hat der Faschismus ausgespielt, dann hat er in dieser Gesellschaft keine Chancen mehr.

Es genügt nicht, den Stalinismus oder den Nationalsozialismus als Lügen zu entlarven. Solange nicht erkannt wird, welchen Umständen sie ihre Erfolge verdankten, können diese oder ähnliche Lügen mit dem jeweiligen Zeitgeist angepaßten Verbrämungen weiterleben oder neu aufleben, weil der Faschismus eine Haltung ist, die die verborgene Geschichte der Zerstörung an die Oberfläche schwemmt.

In seinem Wesen wird er weder von ökonomischen noch von politischen Verhältnissen bestimmt. Lange wurde der Erfolg Hitlers mit der katastrophalen Wirtschaftslage der Weimarer Republik „erklärt". Träfe dies zu, wäre es ganz unverständlich, daß so viele Sowjetbürger heute trotz größter ökonomischer Not Gorbatschows Politik begrüßen und sagen: „Endlich, endlich dürfen wir die Wahrheit sagen und sehen. Das läßt sich mit keinem Geld bezahlen, das kann man nicht kaufen, aber ohne die Wahrheit kann man auf Dauer nicht leben. Sie ist wie Luft, die man zum Atmen braucht."

Es genügt nicht, die Oberfläche zu sehen und sie zu beschreiben. Die *Produktion* der paranoiden Verwirrungen in der Kindheit muß erkannt und unmöglich gemacht werden. Eine klare Gesetzgebung, die die Kindesmißhandlungen eindeutig als Verbrechen verurteilt, wäre ein entschiedener Schritt zur Prophylaxe.*

Der Zugang zur Wahrheit unserer eigenen Geschichte läßt uns auch klar erkennen, daß das, was einige destruktive und verwirrte Menschen verwirklichen wollen – mag es für viele mit ähnlichem Schicksal noch so verführerisch klingen –, im Grunde nichts anderes ist als die Hölle, der sie einst selbst entkommen sind: die Hölle des Zynismus, der Arroganz, Brutalität, Zerstörungswut und Dummheit. Sie sind dieser Hölle dank ihrer Verleugnung entkommen, mit dem brennenden Wunsch, endlich Rache dafür zu üben.

Kann man nicht mit diesen Menschen sprechen? Ich meine, daß man es auf jeden Fall immer wieder versuchen muß, weil es möglich, ja sogar wahrscheinlich ist, daß man ihnen mit diesem Versuch zum erstenmal die Chance gibt, einem wissenden Zeugen zu begegnen. Wie sie mit dieser Begegnung umgehen, entzieht sich unserem Einfluß, aber zumindest diese Chance sollten wir nutzen. Das Leben ist sie ihnen schuldig geblieben, und das gilt vermutlich auch für alle Insassen von Gefängnissen. Man müßte versuchen, ihnen zu zeigen, daß sie das Recht auf Achtung, Liebe und Entfaltung in der Kindheit gehabt hätten und daß man ihnen dieses Recht verweigerte; daß ihnen dies aber trotzdem nicht das Recht gibt, das Leben anderer zu zerstören, und daß dieses Zerstören eine Sackgasse ist. Auch der Haß Adolf Hitlers, sein Hunger nach Rache, ist an den Millionen von Leichen nicht satt geworden. Man muß zeigen, daß das, was man ihnen in der Kindheit als Erziehung verkaufte, eine niederträchtige, verlogene und schwachsinnige Ideologie war, an die sie glauben mußten,

* Vgl. unten, Kapitel III,2.

um zu überleben, und die sie nun auf der politischen Ebene weiterverkaufen wollen. Und man muß ihnen zeigen, daß die, die sie betrogen haben, die ihr Elend, ihren Hunger nach Macht und Zerstörung verursacht haben, keine Türken, keine Juden, keine Araber und keine Zigeuner waren, sondern die eigenen Eltern, saubere, ordentliche Bürger, fromme, angesehene, brave Kirchgänger.

Wir wissen nicht, wie viele dieser Söhne und Töchter, wie viele der jungen Neo-Faschisten oder kriminellen Gewalttäter für ein Gespräch noch offen sind. Aber wenn wir uns vorstellen, daß sie in unserer Gesellschaft gewöhnlich kaum jemals einem Menschen begegnen, der sie über diese schreckliche Wahrheit aufklärt, dann ist es denkbar, daß der eine oder andere innehält und aufhorcht. Es kann sein, daß ihm die Evidenz der Fakten, die er ja aus seiner Kindheit kennt, aber nie im Zusammenhang sehen durfte, unmittelbar einleuchtet. Besonders wenn er nicht jahrelang an Universitäten gelernt hat, sie zu leugnen oder zu verschleiern.

Die Gefahr geht nicht von einzelnen Menschen aus, auch wenn sie kriminell sind; die Gefahr liegt vielmehr in der Ignoranz der ganzen Gesellschaft, die diese Menschen *in den Lügen*, die sie in der Kindheit glauben mußten, *bestätigt*. Die angesehenen Vertreter der Gesellschaft, Lehrer, Juristen, Ärzte, Sozialarbeiter, Priester, schützen die Eltern vor jedem Vorwurf des mißhandelten Kindes und halten die Wahrheit über Kindesmißhandlungen im verborgenen. Sogar der Kinderschutzbund erklärt, daß dieses Verbrechen, und nur dieses, unbestraft bleiben müsse. (Vgl. *Das verbannte Wissen*, S. 163 ff.)

Doch gerade mit Hilfe der *uneingeschränkten* Wahrheit über Kindesmißhandlungen, die neue Mißhandlungen bewirken, könnte man drohende Gefahren abwenden. Man könnte u. a. sicherstellen, daß schwermißhandelte Kinder, die sich aus diesem Grund zu paranoiden Schwerverbrechern entwickelten, niemals zu Führern ganzer Nationen werden und niemals die Macht bekommen, Millionen zu beherrschen und sie zu zerstören. Zur Zeit Neros war es noch ein unabwendbares Schicksal, unter der Tyrannei des einzelnen leben zu müssen, aber in Zeiten der Demokratie, wie unvollkommen sie auch sein mag, liegt dieses Schicksal in den Händen der Wähler. Sie können sich für die Blindheit oder für die Wahrheit der Fakten entscheiden. Wer für die Wahrheit optiert, wird sich nicht Menschen ausliefern, die ihm durch Zerstörung anderer das Heil versprechen. Denn er wird wissen, daß dieser Hunger nach Zerstörung kein primäres menschliches Bedürfnis ist, das einmal befriedigt werden kann, sondern eine permanente und pervertierte Suche nach Rache, die letztlich auch die Wähler eines solchen Tyrannen selber treffen würde, wenn sie den Mut zur Wahrheit nicht rechtzeitig finden.

Ich kenne kein Beispiel, das ähnlich gut dokumentiert wäre und uns die Konsequenzen der Seelenmorde an Kindern – eine davon ist die daraus entstandene kollektive Blindheit – deutlicher vor Augen führen würde wie der verhängnisvolle Erfolg Hitlers.

Hitler erzählte seiner Sekretärin bei einer Gelegenheit, wie er es geschafft hatte, während einer der üblichen Auspeitschungen durch seinen Vater nicht mehr zu weinen, nichts dabei zu empfinden und die 32 Schläge sogar zu zählen. (Vgl. John Toland, *Adolf Hitler*, Bergisch-Gladbach 1977, S. 30). Auf diese Weise, durch die vollständige Verleugnung der Schmerzen, der Ohnmachtsgefühle und der

Verzweiflung – und das heißt: durch die Leugnung der Wahrheit –, hat sich Hitler zum Meister der Gewalt und Menschenverachtung stilisiert. Das Ergebnis war ein primitiver Mensch, unfähig zur empathischen Differenzierung gegenüber anderen Menschen. Er war erbarmungslos und ständig zur Destruktion getrieben. Die latent gebliebenen Gefühle von Haß und Rachsucht trieben ihn zu immer neuen Aktionen. Nachdem Millionen durch diese Aktionen hatten sterben müssen, verfolgten ihn seine Gefühle im Schlaf. Hermann Rauschning berichtet über nächtliche Schreikrämpfe des Führers, verbunden mit „unverständlichem Zählen", dessen Ursprünge ich in Bestrafungsritualen seiner Kindheit sehe. (Vgl. *Am Anfang war Erziehung*, S. 204 f.)

Hitler hat den Faschismus nicht erfunden, er hat ihn, wie so viele seiner Zeitgenossen, im totalitären Regime seiner Familie vorgefunden. Die nationalsozialistische Ausprägung des Faschismus trägt zweifellos deutliche Spuren der Hitlerschen Kindheit. Doch mit dieser Kindheit bildete er keineswegs eine Ausnahme. Daher konnten weder Gerhart Hauptmann noch Martin Heidegger, noch so viele andere berühmte Intellektuelle Hitlers Irrsinn durchschauen. Um dazu in der Lage zu sein, hätten sie den Irrsinn ihrer eigenen Erziehung durchschauen müssen.

Adolf Hitler bekam die Möglichkeit, Europa und die Welt zum Schlachtfeld seiner Kindheit zu machen, weil es im damaligen Deutschland Millionen Menschen gab, die in der Kindheit ähnliches erfahren hatten. Die folgenden Prinzipien waren für sie, wenn auch nicht unbedingt bewußt, so doch selbstverständlich:

1. Nicht das Leben, sondern Ordnung und Gehorsam sind die höchsten Werte.
2. Nur mit Gewalt läßt sich Ordnung schaffen und aufrechterhalten.
3. Kreativität (verkörpert im Kind) ist eine Gefahr für den Erwachsenen und muß zerstört werden.
4. Dem Vater absolut zu gehorchen ist das höchste Gesetz.
5. Ungehorsam und Kritik sind undenkbar, weil sie mit Züchtigung oder Todesdrohung bestraft werden.
6. Das lebendige, vitale Kind muß so früh wie möglich zum gehorsamen Roboter, zum Sklaven kultiviert werden.
7. Die unerwünschten Gefühle und wahren Bedürfnisse müssen daher aufs entschiedenste unterdrückt werden.
8. Die Mutter nimmt das Kind vor den Strafaktionen des Vaters nie in Schutz, sondern predigt ihm nach der jeweils geschehenen Folter Ehrerbietung und Liebe zu den Eltern.

Glücklicherweise gab es hie und da Menschen, bei denen das Kind vor diesem totalitären Regime Zuflucht fand, vielleicht sogar Liebe, Achtung und Schutz erleben durfte. Aufgrund dieser guten Erfahrung – schon durch den bloßen Vergleich – konnte es die erlittene Grausamkeit zumindest innerlich verurteilen und gar nicht den Wunsch entwickeln, später selber andere zu quälen. Aber wenn diese rettenden Zeugen gänzlich fehlten, blieb dem Kind nichts anderes übrig, als jeden natürlichen Reflex, wie Zorn oder gar Lachen, in diesem bizarren Szenario zu unterbinden und täglich absoluten Gehorsam zu üben. Nur so konnte es die Bedrohlichkeit des Vaters in erträglichen Grenzen halten. Diese frühe Charakterschulung hat

Hitler später ausgebeutet. In fast deckungsgleicher Anlehnung an das Erziehungssystem, das er am eigenen Leib erlebt hatte, entwickelte er nun seine NS-Ideologie, die in der Praxis folgende Konsequenzen hatte:

1. Der Wille des Führers ist das höchste Gesetz.
2. Der Führer wird mit Gewalt Ordnung schaffen und Deutschland zum Paradies der Arier, der Herrenrasse, machen.
3. Wer sich seinen Befehlen wie ein Roboter unterordnet, wird belohnt.
4. Wer Kritik wagt, muß ins KZ.
5. Juden und Zigeuner müssen vernichtet werden, Männer, Frauen und Kinder.
6. Polen und Russen sollten zu brauchbaren Sklaven werden.
7. Behinderte und Geisteskranke sollten ebenfalls umgebracht werden.
8. Die freie Kunst ist gefährlich, „entartet", und muß, wie auch sonst jede Form von freier Kreativität, verfolgt werden.

Ohne die zahlreichen Dokumentarfilme, die den Jubel der Massen bezeugen, würde heute niemand glauben, daß ein Verirrter mit dieser menschenverachtenden Ideologie soviel Begeisterung auslösen konnte. Wie war es nur möglich, daß Hitler eine derartig große Gefolgschaft fand? Indem er dem Volk die Lösung aller Probleme versprach und ihm den Sündenbock anbot? Gewiß. Aber das alleine hätte nicht genügt, damit sich unzählige Menschen als Marionetten gebrauchen ließen. Diese Versprechen mußten im Stil des herrschsüchtigen, gewalttätigen Vaters gegeben werden, den die meisten kannten, den sie fürchteten und bewunderten.

Aus der Geschichte der Menschenopfer und des Kannibalismus bis zurück zu den Azteken kann man lernen, wie verschiedene Religionen Menschenopfer geheiligt haben, um die Verbrechen der Eltern an ihren Kindern zu beschönigen. Wer diese Geschichte mit wachen Augen liest, stößt immer wieder auf das gleiche Muster: „Wenn ich anderen antue, was mir einst widerfuhr, brauche ich nicht zu spüren, wie sehr mich die Erinnerung schmerzen müßte. Wenn ich alles gut ideologisch oder religiös verpacke und all die Lügen erzähle, an die meine Umgebung zu glauben gelernt hat, werden mir viele folgen. Wenn ich auch noch – wie Hitler – schauspielerische Begabung dafür einsetze und die Allüren des bedrohlichen Vaters angenommen habe, dem fast jeder in den Tagen der Kindheit blind alles glaubte und den jeder fürchtete, dann kann ich unzählige Helfer für jedes erdenkliche Verbrechen finden, und je absurder es ist, um so leichter." Das hat der Milgram-Test zur Genüge bewiesen. Denn viele Erwachsene, einst gehorsame Kinder, warten auf eine legalisierte Abfuhr ihrer vor Jahrzehnten unterdrückten Wut. In der Mißhandlung eigener Kinder, die „Erziehung" genannt wird, oder in Kriegen und Völkermorden bietet ihnen die Gesellschaft diese Abfuhr und die entsprechende kulturspezifische Rechtfertigung.

Nicht zuletzt anhand der neuesten Geschichte sind mir die *Gefahren unserer herkömmlichen Moral* bewußt geworden. Wir werden angehalten, unsere Eltern zu ehren und sie nie in Frage zu stellen, was auch immer sie getan haben. Wenn ich aber realisiere, daß Millionen von Menschen sterben mußten, damit Adolf Hitler seine Verdrängung

108

aufrechterhalten konnte, daß Millionen in Lagern gedemütigt wurden, damit er nie hat spüren müssen, wie er einst gedemütigt wurde, dann meine ich, daß man diese Zusammenhänge nicht deutlich und nicht häufig genug aufzeigen kann, um diese ahnungslose Produktion des Bösen sichtbar zu machen. Wie sollten junge Menschen Unmenschlichkeit und Verbrechen erkennen und verurteilen, wenn diese, wie zum Beispiel die medizinischen Experimente mit Menschen, weiter verschleiert werden, anstatt daß sie so klar wie nur irgendwie möglich gezeigt werden?

Wenn die Taten der großen und kleinen Mengeles nicht 40 Jahre lang hinter dicken Schweigemauern geschützt worden wären, wären ähnliche Phänomene heute viel schneller erkennbar. Leider profitieren nur wenige von diesen Erkenntnissen. Daher ist es heute immer noch möglich, sich auf die Freiheit der Forschung zu berufen und, ohne Empörung in der Öffentlichkeit hervorzurufen, grausame Versuche an wehrlosen Menschen angeblich zum „Wohle der Menschheit" durchzuführen.

Nur wenn die Jugend genau wissen darf, was geschah und warum es geschehen konnte, wenn sie sich von dieser Neugier durch nichts mehr abhalten läßt und die Wahrheit nicht fürchtet, kann sie sich von der Last befreien, die ihr die Blindheit der Vorfahren aufgebürdet hat.

Gerade aus der Kenntnis der Hitler-Geschichte ergibt sich eine Warnung vor der Blindheit und die Aufforderung, diese endlich aufzugeben und gegen die kollektive Verdrängung anzukämpfen. Das tue ich konsequent in allen meinen Büchern, um die Psychodynamik der Kindesmißhandlungen und deren unermeßliche Gefahren für die Gesellschaft, wie Hitler sie offenbarte, begreiflich zu machen. Auf keinen Fall bedeutet dieses Begreifen ein Mitleid für einen Menschen, der so erbarmungslos wie Hitler war.

Ich bin überzeugt, daß, sobald Hitlers Name kein Tabu mehr ist, die Kenntnis seiner Kindheits- und Lebensgeschichte viel Wesentliches zum Verständnis und zur Verhinderung ähnlicher „Katastrophen" in Gegenwart und Zukunft beitragen kann.

Das größte Hindernis auf diesem langen Weg ist die Leugnung der eigenen, einst erlittenen Kindesmißhandlungen und deren Abwehr auf Kosten anderer: der Kinder, Untergebenen, Partner oder der Wähler.

Noch im Jahre 1987 hat sich mehr als die Hälfte der Eltern in der Bundesrepublik für Schläge als geeignetes Erziehungsmittel ausgesprochen. Dies trotz langjähriger Aufklärungsarbeit des Kinderschutzbundes. Woher stammt diese hartnäckige Ahnungslosigkeit? Warum wissen diese Eltern nicht, daß körperliche Gewalt und auch psychische „Schläge" eine Erniedrigung und Mißhandlung der Kinder bedeuten, die sich, früher oder später, offen oder verborgen in destruktiver Weise Bahn brechen? Warum wissen sie nicht, daß sie mit ihrer nachweisbar falschen Behauptung, das Schlagen von Kindern sei absolut notwendig und vollkommen unschädlich, eine destruktive Tradition bejahen, erhalten und fortsetzen? Sie wissen es nicht, weil sie aus eigener Erfahrung nur diese Art von Erziehung kennen und früh lernen mußten, sie als normal und unschädlich anzusehen. Gewalt ist in den Augen solcher Eltern das einzig wirksame Korrektiv des kindlichen Verhaltens. Deshalb konstruiert diese Elterngeneration komplizierte Theorien, um den Massenmord im Dritten Reich und ihre eigene Passivität bzw. Mittäterschaft zu

110

erklären. Das scheint ihnen einfacher, als den Schmerz der eigenen frühen Erniedrigungen als geschlagene Kinder zu spüren, der ihnen den Schlüssel zum Merken geben könnte, zum Merken, das ihre Kinder vor Mißhandlungen und sie selber vor der Blindheit als Eltern und Wähler schützen würde. Wenn sie Politiker sind, dann würde dieses Merken vielleicht ganze Nationen vor sinnlosen Opfern und Kriegen bewahren.

Unzählige Menschen sind in konventionellen Kriegen gestorben, deren Verantwortliche nicht wahrhaben wollten, daß sie destruktive Kräfte in sich haben. Von diesen versuchten sie sich dauernd auf Kosten anderer zu befreien, sie taten dies, um sich für alte, sehr persönliche Verwundungen zu rächen. Im Angesicht der bloßen Möglichkeit eines Nuklearkrieges können wir es uns eigentlich nicht leisten, dieses Wissen noch länger zu ignorieren. Aber genau das tun wir immer noch: Viele Fachleute und Beamte befassen sich täglich mit den Folgen von Kindesmißhandlungen, ohne deren Ursachen wissen und sehen zu dürfen.

Auch die traurigste Kindheit spricht einen Verbrecher nicht von der Schuld frei, die die Zerstörung von Leben bedeutet. Als Erwachsener hat er die Möglichkeit, sich mit seiner Kindheit zu konfrontieren, das damalige Grauen nicht zu leugnen, den einst verdrängten Haß zu erleben und dessen Berechtigung zu verstehen. Der bewußt erlebte Haß ist nur ein Gefühl, und Gefühle töten nicht. Aber zerstörerische, blind gegen Ersatzpersonen gerichtete Aktionen sind Taten, die Menschenleben kosten können und dem Täter anzulasten sind.

Doch vielleicht werden schon unsere Enkel von sich sagen können: Was für ein Glück, daß wir nicht geschlagen wurden wie einst unsere Großeltern und heute deshalb viel klarer sehen können als diese. Wären Schläge in der Kindheit wirklich harmlos, dann wären die Menschen nicht blind für Hitlers Menschenverachtung geworden, sie hätten sie gleich durchschaut und abgelehnt, wie unsere Kinder es heute angesichts von Grausamkeiten sofort tun. Kinder, die sich wehren dürfen, werden nicht destruktiv. Destruktivität – dieses die Welt beherrschende Phänomen – ist also kein unabwendbares Schicksal. Durch liebevolle Behandlung der Kinder könnte sie von der Welt verschwinden. Der „Destruktionstrieb" schlummert in den Opfern der Kindesmißhandlung, die als Erwachsene nicht wissen wollen, was ihnen früher geschehen ist. Wir haben doch kein Bedürfnis danach, unser wehrloses Kind zu schlagen. Wir können uns das nicht einmal vorstellen, selbst dann nicht, wenn wir einmal nervös und überreizt sind und deshalb mit Ungeduld auf seine Fragen reagieren. Es gibt ja so viele andere Möglichkeiten, mit Kindern produktiv, respektvoll und nicht zerstörerisch umzugehen. Noch viel weniger als diese Rachebedürfnisse unseren Kindern gegenüber können wir uns vorstellen, daß uns ein Monster wie Hitler hätte faszinieren können. Menschen, die in ihrer Kindheit respektiert, die nicht durch Mißhandlungen zu Robotern gedrillt worden sind, werden niemals aus „Treue zum Führer" sterben wollen oder gegen jede Vernunft Tausende nach Stalingrad beordern, nur weil ein Verirrter sich das ausgedacht hat.

Hitlers Generäle aber standen in seinem Hauptquartier vor ihm stramm, und alle naheliegenden Einwände lösten sich in Angst und geistige Lähmung oder gar in Begeisterung auf, wenn sie IHN (den Vater) reden hörten. Diese politische Blindheit, die Millionen das Leben kostete, beweist exakt, was unsere Großeltern noch so heftig bestritten: daß nämlich in jedem Fall physische wie auch psychische Schläge dem Kind nicht nur schaden, sondern es später aufs höchste gefährden, das heißt für Destruktivität anfällig machen. Und das gilt nicht nur für einzelne, sondern unter Umständen für ganze Völker. Die jüngste Geschichte Rumäniens liefert dafür einen neuen, tragischen Beweis.

Nicolae Ceauşescu –
Monströse Folgen der Verleugnung
elender Kindheit

> „Die eigene Person zu verhüllen wie zu verklären,
> war eine der Grundanstrengungen seines Lebens.
> Kaum eine Erscheinung der Geschichte hat sich so
> gewaltsam, mit so pedantisch anmutender Konse-
> quenz stilisiert und im Persönlichen unauffindbar
> gemacht. Die Vorstellung, die er von sich hatte, kam
> einem Monument näher als dem Bild eines Men-
> schen. Zeitlebens war er bemüht, sich dahinter zu
> verbergen." (Joachim Fest, *Hitler*, 1973).

*D*iese Passage aus Joachim Fests Buch über Hitler
zitierte ich vor zehn Jahren in *Am Anfang war Erziehung* und merkte dazu an: „Ein Mensch, der die Liebe der
Mutter erfahren hat, muß sich niemals so verstellen."
Am Jahreswechsel 1989/90 stehen wir erneut vor einem
sehr ähnlichen Phänomen. Angesichts des Charakters von
Nicolae Ceauşescu können wir nicht mehr behaupten,
„daß kaum eine Erscheinung der Geschichte (sich) so
stilisiert und im Persönlichen unauffindbar gemacht" hat
wie Hitler. Wie viele Opfer wird es noch zu beklagen geben,
bis man begriffen hat, *was* die „stilisierten Monumente"
hervorbringt?

Als Ceauşescus Vater 1973 im Alter von achtzig Jahren
starb, beorderte der kommunistische Diktator einen Bi-
schof sowie zwölf weitere Geistliche zur Einsegnung, um
der Religiosität seiner Eltern Rechnung zu tragen. Seine
hohe Achtung und Treue zu den Eltern bezeugen alle
Zeitgenossen. Das heißt jedoch keineswegs, daß ihm seine

Eltern ebenfalls Achtung und Liebe geschenkt hatten, denn gerade schwer mißhandelte Kinder zeichnen sich durch eine auffallende Anhänglichkeit, Hörigkeit und Kritiklosigkeit ihren Eltern gegenüber aus. Es bedeutet im Falle Ceaușescus lediglich, daß der Diktator seine in der Kindheit erlittenen Mißhandlungen vollständig verdrängt hatte – auf Kosten des ganzen rumänischen Volkes.

Es ist nicht richtig, zu behaupten, er habe Männer, Frauen und Kinder frieren und hungern lassen, nur weil er selbst einst extreme Armut erlitten hatte. Das läßt sich belegen. Zahlreiche Menschen sind in Armut aufgewachsen. Dennoch haben viele von ihnen nicht das Bedürfnis, andere zu quälen, und zwar dann nicht, wenn sie als Kinder liebenden und ehrlichen Menschen begegnet sind. Auch Charlie Chaplins alleinstehende Mutter ist arm gewesen, und er lebte als Kind eine Zeitlang in einem Armenhaus, in dem grausame Praktiken herrschten, aber er hatte eine Mutter, die ihn liebte und auch im Armenhaus nicht fallenließ. Diese frühe Erfahrung der Liebe ist, gepaart mit Trauer und Wehmut, in den meisten seiner Filme spürbar.

Doch Nicolae Ceaușescus Vater war nicht nur arm und Vater von zehn Kindern, von denen eins früh starb. Er vertrank sein weniges Geld im Wirtshaus, statt seine Kinder zu ernähren, und schlug sie täglich zu „ihrem Besten", wie es auch Stalins ständig betrunkener und Hitlers häufig betrunkener Vater taten. Die Mutter, eine Analphabetin, war ehrgeizig und achtete streng auf die schulischen Leistungen der Kinder, die sie ebenfalls ausgiebig prügelte. Da die Eltern, vor allem die Mutter, sehr religiös waren, fanden sie für dieses Verhalten immer eine gute „moralische" Begründung, so daß der Junge an der Richtigkeit der Züchtigungen niemals zweifelte. Die Heuchelei sättigte die Luft, die er von Anfang an atmete und die er für selbstverständlich hielt. Seine unterdrückte, ihm selber unverständliche Wut konnte er nur im Töten junger Tiere abreagieren. Für dieses Verhalten war er schon als Kind in seinem Dorf und später auch als Jugendlicher im Gefängnis bekannt. Seine deutlich älteren Zellengenossen berichteten, daß er bei einer Gelegenheit willig dazu bereit gewesen war, neugeborene Kätzchen zu erwürgen, die eine streunende Katze geworfen hatte.

Doch diese kleinen Racheakte genügten nicht, um das ganze Ausmaß an angesammelter Heuchelei und Grausamkeit abzureagieren. In der Kommunistischen Partei fand der Pubertierende schließlich die geeignete Ideologie, die ihm später erlaubte, das in der Kindheit Gelernte auf der Bühne der Politik zu demonstrieren. Wie seine Eltern einst vorgaben, ihn in seinem Interesse zu schlagen, hat er nun behauptet, mit Hilfe von Freiheitsentzug, Wahrheitsunterdrückung, Gehirnwäsche, Erniedrigung und Verdummung alle Rumänen zu „erlösen".

In einer Biographie über den Diktator (vgl. Heinz Siegert, *Ceauşescu*, München 1973, S. 78 ff.) wird folgendes berichtet:

Nicolae Ceauşescu wurde am 26. Januar 1918 geboren. Über seine Kinderjahre gibt es wenig authentisches Material. Der Vorsitzende des Staatsrates schweigt darüber. Auch seine Familienangehörigen sind zurückhaltend; man will über diese Zeit kein Aufhebens machen. (...)

In der Kindheit Nicolae Ceauşescus war lediglich ein Zimmer heizbar, und in diesem drängte sich im Winter die ganze Familie zusammen. Es gab keine Betten und keine Möbel. Dafür wäre kein Platz gewesen. Entlang der Wände standen Pritschen mit Schilfmatten, auf denen die Eltern mit den Kindern schliefen. (...)

Bei den Kindern der Familie Ceauşescu gibt es zwei, die den gleichen Vornamen haben: einen Nicolae, der heute der Staatspräsident Rumäniens ist, und den anderen Nicolae, der jüngste von den zehn Kindern, für den sich die Eltern nicht mehr die Mühe machten, einen neuen Vornamen zu suchen. (...)

Die Welt, in die Nicolae Ceauşescu als drittes Kind armer oltenischer Bauern hineingeboren wurde, war trist. Das Bauernelend, wie es sich bis nach dem Zweiten Weltkrieg in Rumänien darbot, war mit keinem anderen europäischen Land zu vergleichen. Im besten Fall konnten südamerikanische Staaten mit der Armut der rumänischen Landbevölkerung wetteifern. Bei den landlosen und landarmen Bauern gab es Brot nur zu den Feiertagen. Für Millionen Menschen war Mamaliga, der Maisbrei, das Hauptnahrungsmittel. Das galt auch für die Familie des Andruza Ceauşescu in dem kleinen oltenischen Dorf Scornicesti. In den Dürrejahren, die mit bedrückender Regelmäßigkeit kamen, reichten die kümmerlichen Vorräte nicht einmal für diese armselige Speise. (...)

Die Kindersterblichkeit war groß. Noch im Jahre 1930 starb von hundert lebendgeborenen Kindern rund ein Fünftel im Säuglingsalter.

Ich habe mich bei dem Biographen erkundigt, wie der Diktator, den ich selber im Film über seinen Prozeß als maskenhaft und gefühllos erlebte, vor 20 Jahren auf ihn gewirkt hatte. Der Publizist, der ihn damals interviewte und auch Scornicesti, seinen Geburtsort, besuchen durfte, erzählte mir, daß von Ceauşescu überhaupt keine Fakten zu ermitteln waren. Sobald sich der Interviewer nach Fakten erkundigte, ihn z. B. über seine Kindheit befragte, und sich nicht mit ideologischen Floskeln über das „blühende Rumänien" der Zukunft abspeisen ließ, fühlte er eine unüberwindliche Mauer zwischen sich und dem Gesprächspartner aufsteigen. Ceaușescu war im Gespräch steif, mißtrauisch und lächelte nie. Einzig wenn Photographen erschienen, setzte er sein posierendes Lächeln auf.

Je tiefer die Raserei des betrunkenen Vaters aus dem Bewußtsein des Diktators verdrängt wurde, um so auffälliger und brutaler wütete die Trunksucht seines Sohnes. Dieser liebte es besonders, ungeöffnete Whisky-Flaschen haarscharf an den Köpfen anderer Menschen vorbei an die Mauer zu schmettern (Vgl. Ion Pacepa, *Horizons rouges*, Paris 1987).

Wer in den letzten Jahren die Nachrichten über Rumänien im Fernsehen verfolgte, kennt die typische Handbewegung des Diktators, die an die Scheibenwischer eines Autos erinnert. Bei dieser Geste hatte ich manchmal den Eindruck, daß einer versucht, Erinnerungen auszulöschen, Fakten zu verwischen, um sich weiter freie Fahrt zu verschaffen, obwohl sich immer mehr Ängste wie lästige Insekten auf seine „Sichtscheibe" setzen. Und die immer wieder von ihm zum Gruß der Massen erhobene Hand erinnerte mich an die erhobene rechte Hand des Erwachsenen, kurz bevor er dem Kind (dem ergebenen Volk!) den Schlag versetzt. Auch Hitlers „Heil" besaß zweifellos diese Vorgeschichte. Im Grunde verrät jeder Diktator seine verdrängte Angst in seinen Bewegungen.

Leider waren die Gesten des Tyrannen nicht der einzige Ort, an dem Ceaușescus verdrängte Folter seiner Kindheit ihren Niederschlag gefunden haben. Seine Herrschaft

118

brachte zum Vorschein, was die neun überlebenden Ceau-
şescu-Kinder ins Dunkel des Vergessens abgeschoben hatten und auf keinen Fall wissen wollten: so, unter anderem,
die totale Kontrolle, der man sich, zusammengepfercht in
einem kleinen Zimmer, nie entziehen konnte, die Heuchelei der religiösen Erziehung und den Schwachsinn der
ständigen Zeugung von Kindern, denen man nur Ungeduld, Überforderung, Elend und Lieblosigkeit anzubieten
hatte.

Ein freies Kind hätte sich vielleicht fragen können: Weshalb produzieren unsere Eltern so viele Kinder, wenn sie
sie später hungern und frieren lassen und sie nicht beach-
ten, sondern sogar ihre Namen vergessen? Aber ein mißhandeltes Kind kann solche Fragen nicht stellen. Es
glaubt, was man ihm sagt, daß Gott all diese Kinder
gewollt habe. Die Existenz der vielen unerwünschten,
verwahrlosten, mißhandelten Kinder war also Gott zuzu-
schreiben, der offenbar an der Vielzahl der hungernden
und frierenden Kinder Freude hatte. Gottes Wünsche darf
man bekanntlich nicht in Frage stellen, man muß sie
befolgen, auch wenn sie absurd erscheinen. Dahinter muß
ein verborgener Sinn stecken, den wir nicht kennen, so
denken viele fromme Menschen (vgl. Kapitel II,4).

Ceauşescu hat seine Kindheit, seine Eltern und das, was
für ihn „Gott" bedeutet hat, nie wirklich in Frage gestellt;
vermutlich hielt er sich für einen Abgesandten „Gottes".
Sonst hätte „das Genie der Karpaten" seine Mitmenschen
nicht zu dieser absurden Überproduktion von Kindern
gezwungen, die im Elend leben mußten.

Als Ceauşescu mit Hilfe der kommunistischen Ideologie
zur Macht kam, stilisierte er sich selbst zum „Gott mit
absurden Wünschen". Er verhängte über ganz Rumänien

das Schicksal, das einst sein eigenes gewesen war: Über-fluß an Kindern, zu denen man durch den Wahn eines göttlichen Diktators gezwungen wurde und die man nicht ernähren und wärmen konnte. Wie die Priester und die Institution der Beichte für das Einhalten der göttlichen Anordnungen in Scornicesti gesorgt hatten, hatte nun die „Securitate" den Auftrag, über die Gebärmütter der Frauen zu wachen, sie ständig zu kontrollieren und dafür zu sorgen, daß der „göttliche" Wunsch des Diktators nach kinderreichen und frierenden Familien erfüllt werde. Frauen sollten auf keinen Fall Zeit haben, sich ihren Kindern zu widmen, sie wurden durch die befohlenen Geburten unausweichlich davon abgehalten. Es sollte ihnen genauso ergehen wie Ceauşescus Mutter, die, von einem trunksüchtigen Mann zu immer neuen Geburten gezwungen, ihre Kinder im Elend aufwachsen lassen mußte. Der Tyrann hat sich für sein persönliches Schicksal stellvertretend an Tausenden von Müttern, Vätern und Geschwistern gerächt. Indem er sich weigerte, sich mit seinem Schicksal zu konfrontieren, seine Geschichte und seine Gefühle von damals total verdrängt hielt, brachte er ein ganzes Volk an den Rand des Untergangs.

Ceauşescu hat nicht nur die rumänischen Kinder in die gleiche Not getrieben, die einst die seine war: Lieblosig-keit, Hunger, Kälte, ständige Kontrolle und die allgegen-wärtige Heuchelei. Mit Hilfe der rumänischen Frauen übte er zudem unbewußt Rache an seiner Mutter, die er *bewußt* restlos glorifizierte. Er wollte Millionen Frauen dazu *zwin-gen, Mütter zu werden*, um ja niemals fühlen zu müssen, was er als Kind verdrängte: daß er seiner Mutter nur eine Last war und daß seine Existenz nachweisbar von ihr vergessen wurde.

Heute berichten Zeitungen endlich, was dem Ausland so lange verborgen geblieben ist: Die seit Anfang der siebziger Jahre von der Geheimpolizei gesteuerte Kampagne für eine höhere Geburtenzahl hat Abertausende von Müttern und Kindern das Leben gekostet. Die Mütter starben meist an Infektionen. Den Ärzten war es bei Androhung einer siebenjährigen Gefängnisstrafe und des Berufsverbots untersagt, Abtreibungen vorzunehmen. Sie durften oft die mit lebensgefährlichen Verletzungen nach illegalen Abtreibungen eingelieferten Frauen erst behandeln, wenn diese ihre Hilfe mit Namen denunzierten. Ihre Weigerung mußte die blutende Frau mit dem Tod bezahlen.

Solche Informationen verdeutlichen immer mehr, daß sich der Diktator darauf spezialisierte und dies zu seiner alltäglichen Beschäftigung machte, alle Bürger ständig bespitzeln zu lassen und zu verfolgen.

Mitte Januar 1990 berichtete ein Fernsehteam im deutschen Fernsehen erstmals von einer Kinderstation in einem Krankenhaus in Temesvar, die dort von den Mitarbeitern „Auschwitz-Station" genannt wurde und über die auch in der Stadt selbst nur hinter vorgehaltener Hand gesprochen wurde. Auf dieser Station ließ man kranke oder unterernährte Babys dahinvegetieren. Und zwar auf ausdrückliche Veranlassung von Ceauşescu selbst. Die Kinder erinnerten an Babys aus den Hungergebieten der Dritten Welt. Sie wurden befehlsgemäß nicht ausreichend versorgt, lagen meist zu zweit in einem Brutkasten, der jedoch auch nur dann beheizt wurde, wenn der Strom nicht abgestellt war. Sonst lagen die Kinder bei Außentemperaturen von teilweise minus 25 Grad nahezu ungeschützt in ihren Bettchen. Sie wurden unter den Augen von Krankenschwestern und Ärzten dem Tode überlassen.

Ärzte und Schwestern zu passiven Zeugen der sterbenden Kinder zu verdammen gehört zum Szenario der verdrängten Geschichte. Waren nicht die Eltern Ceauşescus ebenfalls Zeugen der Schmerzen und des Elends ihrer Kinder, ohne ihre Verantwortung wahrgenommen zu haben?

Ich habe in *Am Anfang war Erziehung* ausführlich zeigen können, welche „Logik" hinter den unmenschlichen Gesetzen des Dritten Reiches stand. Ich konnte darlegen, daß die Gegenwart einer schizophrenen Tante, die während der gesamten Kindheit Hitlers im selben Haushalt lebte, in dem Hitler aufwuchs, nicht ohne Einfluß auf das Entstehen des grausamen „Euthanasie"-Gesetzes war. Es war für mich auch einleuchtend, daß der Verdacht auf jüdische Abstammung des Vaters, der ein illegitimes Kind gewesen war, Hitlers wahnhaften Judenhaß aufstachelte. Er hatte ja weder den Vater noch die kranke Tante je bewußt gehaßt.

Doch solange noch viele Bewunderer Hitlers und seiner Ideologie am Leben sind, sträuben sich manche, diese Erkenntnisse nachzuvollziehen. Sie wollen immer noch an rationalen Erklärungen für die Hitlersche „Politik" festhalten. Anders ist es im Falle Ceauşescus, der keine Anhänger oder Bewunderer hatte. Er war ein absurder, selbsternannter „Gott", als dessen Priester Männer der „Securitate" fungierten. Mit seinem Sturz hat sich diese „Kirche" aufgelöst. Was bleibt, sind die Leiden einer jahrzehntelang terrorisierten Bevölkerung, die nun erlebt werden und hoffentlich nicht verdrängt werden müssen. Es bleibt ein gewaltiger Schauer.

Doch wir werden ähnliches in Zukunft nicht vermeiden können, wenn wir es bei diesem Schauer bewenden lassen. Wir müssen ausreichend gründlich verstehen, wie es dazu

122

kommen konnte und immer wieder bei entsprechenden Konstellationen kommen kann, falls wir uns weiter blind stellen.

Aus den Taten Ceauşescus läßt sich ableiten, daß seine politische Laufbahn von Anfang an von der Idee der *Erlösung durch Zerstörung* beherrscht wurde. Ohne eine solche Kindheit wird man nicht zum Diktator.

Genau wie Hitler, Stalin und andere mußte er als Kind ständig gehört haben, er sei nur in seinem Interesse geschlagen, gefoltert, beraubt, überwacht und an der Seele vernichtet worden, ohne diese Lüge je durchschauen zu können. Diese nie durchschaute Lüge wird dann zum Grundprinzip eines Tyrannen.

Ohne helfende Zeugen sieht ein mißhandeltes Kind die Verletzung seiner Integrität nicht als seelische Verstümmelung. Es glaubt, daß der Vater wirklich etwas für das Kind Positives wollte, als er es schlug. Auch der Führer der französischen Rechtsradikalen sprach sich im Fernsehen für die Züchtigung von Kindern aus und erzählte, daß er den Fußtritten seines Vaters und Großvaters viel Gutes verdanke. Solche Aussagen sind nicht erstaunlich und eigentlich folgerichtig, denn ein mißhandeltes Kind wäre in Todesgefahr, wenn es am guten Zweck des Erlittenen zweifeln würde; es muß alle Zweifel verdrängen, um zu überleben.

Doch wohin führt diese Verdrängung den Erwachsenen, der sich auch später weigert, sie aufzugeben? Wie wir am Beispiel aller Diktatoren lernen können, erhält und verfestigt sich bei ihnen immer stärker die Meinung, daß sie das Volk erlösen, wenn sie es, wie es ihre Eltern einst mit ihnen taten, demütigen, beherrschen, versklaven, ausrauben, verhöhnen und zum Schweigen zwingen. Und nun kommt es darauf an, wie wach dieses Volk ist: ob es sich so naiv wie die „sieben Geißlein" in Grimms Märchen verhält, denen die künstliche weiße Pfote genügte, um den bösen Wolf mit der guten Mutter zu verwechseln, oder ob das Volk aus seiner Vergangenheit oder der anderer Völker genug gelernt hat, um zu wissen, daß es noch *nie eine Erlösung durch geplante Zerstörung des Lebens, der Freiheit, der Wahrheit und der Menschen gegeben hat.*

Die Absurdität der Koppelung von Helfen und Zerstören bleibt von der Mehrheit unbemerkt, weil ihr diese Koppelung dank einer langen Tradition als beinahe selbstverständlich erscheint. Denn es steht bereits in der Weisheit Salomos: „Wer die Rute spart, haßt den Sohn; wer ihn liebt, züchtigt ihn." Schon im Alten Testament wurde die Verbindung von angeblicher Liebe und „Erlösung" durch Grausamkeit und Zerstörung als von Gott gewollt ausgegeben. In seinem – leider zu kurzen – Prozeß sagte Ceauşescu, der Bauernsohn, er habe ja die 8000 alten, schönen Dörfer nur zerstören wollen, um dem Volk Spitäler und Schulen zu bauen – demselben Volk, das hungern und frieren mußte, damit der „große gütige Vater" Paläste für sich bauen konnte. Auch der kleine Nicolae Ceauşescu und seine Geschwister hatten einst frieren und hungern müssen, damit ihr verantwortungsloser Vater seinen Schnaps im Wirtshaus bezahlen konnte.

Obwohl ich mir den Ursprung für die auffällige Verlogenheit des Diktators lebhaft vorstellen konnte, wollte ich in diesem Buch Fakten aus der Kindheit schildern, die diesen Ursprung illustrieren würden.

Ich suchte also nach weiteren Informationen über die Kindheit des Menschen, der gerade in unseren Tagen seinen grenzenlosen, kaum faßbaren Zerstörungswahn

124

unter Beweis stellte. Die meisten Journalisten, Politologen, Historiker, die ich befragte, wußten begreiflicherweise nichts über die Kindheit, und dieses Thema erschien ihnen als durchaus irrelevant. Einige Journalisten, die mehrere Jahre in Bukarest gewohnt hatten, erzählten mir verschiedene Gerüchte, ohne die genaue Quelle dafür angeben zu können. So erfuhr ich, was in Rumänien offenbar seit langem bekannt war, aber unbeachtet blieb: Der 15jährige Schusterlehrling strolchte häufig auf dem Bukarester Bahnhof herum und stahl verschiedene Gegenstände. Einmal stahl er einen Koffer, in dem sich marxistische Literatur befand. Dies sei, so erzählte man sich, sein erster Kontakt mit der Kommunistischen Partei gewesen. Ob die darauffolgende erste Gefängnisstrafe wegen Diebstahls erfolgte oder wegen der Zugehörigkeit zur Kommunistischen Partei, wie es in der offiziellen Biographie heißt, ist zum jetzigen Zeitpunkt nicht zu klären. Es sei aber bekannt, daß er insgesamt mehrere Jahre lang inhaftiert war und daß er die harte Gefängniszeit mit häufigen Foltern und Essensentzug ohne jegliche Gefühlsäußerung hinnahm.

Auch wenn dies die eigene Version des Diktators sein sollte, so spiegelt sich in ihr ja der Stolz des einst mißhandelten Kindes auf seine Fähigkeit wider, Gefühle verdrängen und verleugnen zu können, ein Stolz, den wir bereits von Adolf Hitler kennen und der bei beiden Verirrten zur Zerstörung und Ausschaltung jedes Mitgefühls geführt hat. Ceaușescus „Gleichmut" im Gefängnis, der auch von ehemaligen Mithäftlingen bezeugt wurde, war aber bereits die Folge früherer, verdrängter Mißhandlungen in der Kindheit.

Auf meine Frage, wie es möglich gewesen sei, daß ein Bruder ebenfalls Nicolae hieß, erhielt ich wiederholt die

Antwort, daß der Vater bei der Namengebung des zweiten Nicolae „wie so häufig" betrunken gewesen war. Er hatte angeblich vergessen, daß bereits einer seiner Söhne diesen Namen trug. Weshalb die Mutter diese Tatsache offenbar ebenfalls vergessen hatte, konnte mir niemand erklären.

Diese Information wurde in Bukarest weitergegeben, ohne besondere Aufmerksamkeit auf sich zu lenken. Doch zweifellos wirft dieses Ereignis ein Licht auf das wahnhafte Geltungsbedürfnis des Diktators, das nichts anderes war als die maßlose, absurde Anstrengung, sich endlich die Aufmerksamkeit zu verschaffen, die er als Kind total entbehrte. Wäre es anders gewesen, hätte man seinen Namen bei der Taufe des Bruders nicht vergessen. Der Erwachsene versuchte, mit allen ihm zur Verfügung stehenden Mitteln diese Kränkung auszugleichen: In den zahlreichen Staatsgebäuden, einschließlich Bibliothek und Museen, hatte Ceauşescu mehrere Büros – damit sollte seine Allgegenwart demonstriert werden. Demselben Ziel diente auch das jedem Bürger aufgezwungene Porträt des Diktators: Nicht einen Moment lang durfte seine Existenz vergessen werden. Doch alles, was er erreichte, machte ihn nicht satt; es war zuwenig, um das einst verdrängte, vollkommen normale, natürliche Bedürfnis des Kindes zu befriedigen, das Bedürfnis, gesehen, erkannt, anerkannt und wahrgenommen zu werden, das Bedürfnis, daß sein Name und seine Existenz niemals wieder in dieser grundsätzlichen, kränkenden und verletzenden Art wie von den eigenen Eltern vergessen werden können.

Ein mißhandeltes Kind hat keine Chancen, sich dieses Bedürfnis bewußt zu erhalten, es muß es verdrängen, wenn es unbefriedigt bleibt. Der Erwachsene kann später die Verdrängung aufheben, wenn er das Erlittene nicht mehr leugnet, und kann versuchen, dieses wichtige, primäre Bedürfnis auf eine legitime, nicht destruktive Weise zu befriedigen. Er kann sich aber auch weigern, sich mit der Wahrheit seiner Kindheit zu konfrontieren, die erlittenen Verletzungen leugnen und, wie Ceauşescu und ähnliche, andere Menschen mit Gewalt dazu zwingen, seine unbewußt gebliebenen primären Bedürfnisse zu befriedigen, auch wenn es deren Leben kostet.

Doch diese Rechnung geht nicht auf. Was in der Kindheit schmerzlich vermißt wurde, läßt sich durch Verdrängung und die Erfüllung von Ersatzbedürfnissen nicht nachholen. Auch wenn die durch die erreichte Macht genährte Illusion ins Unermeßliche steigt, die Zahl der Opfer bleibt immer noch zu klein für die unbewußte, mörderische Wut des verletzten Kindes, das nie leben durfte. Das haben Hitlers, Stalins und Ceauşescus „Siege" bewiesen. Auf der Höhe ihrer Macht fürchteten diese Männer im Grunde immer noch die Schläge des Vaters, die ihrem Verfolgungswahn die private Logik verliehen. Hitler ließ in Österreich die Stätte seiner Herkunft vernichten, und Ceauşescu wollte alle Bauernhöfe zerstören, um auf diese Weise seine Vergangenheit „zu liquidieren". Zum Glück konnten sich die Rumänen von diesem Monster befreien, bevor es zu spät war. Dieses Liquidieren hätte naturgemäß kein Ende genommen.

Sowohl der Diktator als auch seine Frau waren überzeugt, dem Volk dann die besten Eltern zu sein, wenn sie es folterten. Diese Botschaft haben sie sehr früh gelernt, von ihren eigenen Eltern, und hielten sie für absolut stichhaltig. Das bezeugen die letzten Worte von Elena Ceauşescu vor ihrer Exekution. Als die Soldaten sie fesseln wollten, rief sie ihnen zu: *„Kinder*, denkt daran, daß ich 20 Jahre lang wie eine Mutter zu euch war; vergeßt doch nicht, was ich alles für euch getan habe."

Auch während des Prozesses beteuerte Elena, daß sie sich seit ihrem 14. Lebensjahr für das Volk „geopfert" habe. Der Zynismus solcher Behauptungen war ihr offenbar nicht bewußt, weil sie von Kind an gelernt hatte, ähnlichen Behauptungen ihrer Eltern Glauben zu schenken, und diesen Glauben auch von ihrem „geliebten Volk" erwartete.

Worin bestand die große „elterliche Fürsorge" des Ehepaars Ceauşescu für ihr geliebtes Opfer, das Volk? Ihrer eigenen Meinung nach vermutlich im Verbot der Abtreibung und von Verhütungsmitteln. Erst wenn eine Frau 40 Jahre alt war und das Pensum von fünf Kindern erreicht hatte, durfte sie legal abtreiben. In der Praxis sah das so aus, daß eine Mutter von sieben Kindern, die unter 40 war und infolge von Blutungen nach einer illegalen Abtreibung ins Spital kam, dort nicht behandelt wurde, weil das Personal Strafen fürchtete. Man ließ solche Mütter verbluten und sterben, und die sieben Kinder kamen ins Waisenhaus. Begreiflicherweise waren die Waisenhäuser überfüllt, und dort suchte sich der Diktator bekanntlich die Kinder aus, um sie zu Männern für die „Securitate" zu erziehen. Doch das war nicht alles. Die restlichen Kinder wurden in westliche kapitalistische Länder zur Adoption verkauft und die so eingebrachten Devisen für das luxuriöse Leben der Herrscherfamilie verwendet. Ist es nicht empörend, aus den Kindern Kapital zu schlagen, mag man fragen? Doch die Ver-rücktheit geht noch weiter. Das Verbot der Abtreibung wurde damit begründet, daß die Bevölkerung zumindest auf 30 Millionen anwachsen müßte, um ein *großes Volk* zu werden. Denn das Volk, dem ein großer Herrscher gegeben wurde, müßte groß sein. Angesichts solcher Meldungen reagieren die Menschen fassungslos – begreiflicherweise. Aber sie reagieren überhaupt nicht fassungslos, wenn ein Erwachsener ein Kind schlägt, es mit Fußtritten traktiert und ruft: Ich werde dir Anstand beibringen, einmal wirst du mir dafür danken. Daß Ceauşescus betrunkener Vater, *der* Herrscher über das große Kindervolk, solche Reden hielt, steht außer Zweifel. Bekanntlich haben Kinder wie Elena und Nicolae Ceauşescu ihren Eltern für alle Mißhandlungen eifrig gedankt und hielten sie in hohen Ehren. Die Rechnung zahlte das geliebte Volk, von dem ebenfalls Dankbarkeit für Folter erwartet wurde.

Wenn die Psychodynamik der Kindesmißhandlungen heute allgemein bekannt wäre, könnte es einem Mann wie Nicolae Ceauşescu auf keinen Fall gelingen, ein ganzes Volk 20 Jahre lang auszurauben, zu demütigen, es zu Beifall klatschenden Sklaven erziehen zu wollen und sich dabei als Erlöser dieses Volkes zu präsentieren. In seinem Regime waren alle Elemente der Tyrannei zu erkennen, die straflos und weltweit an Kindern ausgeübt wird und die sich Erziehung und Erlösung „zu deinem Besten" nennt: Enteignung, Ausbeutung, totale Kontrolle, Folter, Entwürdigung, Mißachtung, Mißhandlung, Mißbrauch, Blendung, Verfolgung, Angstterror, Lüge, Verdrehung der Wahrheit, Manipulation und erbarmungslose psychische Grausamkeit, die mit Lächeln und Heilsversprechen angeboten wird.

Die kleinen Mädchen zum Beispiel, die dem Diktator anläßlich der Paraden zujubeln sollten, mußten bei 20 Grad unter Null mehrere Stunden lang in ihren weißen Hemden warten und frieren, weil der illustre „Vater" des

Staates der Meinung war, „die Verweichlichung schade dem Charakter". Im Erziehungsvokabular unserer Väter war eine solche Feststellung eine Selbstverständlichkeit, erst heute sieht man, daß sie eine grausame, sadistische Schikane glorifiziert.

Am Ende seiner Herrschaft wußte man, daß Ceauşescu ein Paranoiker war. Aber niemand unter den Politikern stellte sich die Frage: Wie ist er paranoid *geworden*? Nur wenn man diese Frage zu stellen wagt, erhält man die Antwort auf die für uns alle grundsätzliche Frage: Wie kann man verhindern, daß Verirrte Macht über andere Menschen bekommen?

Wer Gelegenheit hat, die Kindheit von Ceauşescu genauer zu erforschen, könnte mit Leichtigkeit aufzeigen, wie dessen mörderische Zerstörungswut produziert wurde, die sich später in Heilversprechen entlarvte. Mit welchen Opfern einer ganzen Nation unsere diesbezügliche Blindheit wieder einmal bezahlt werden mußte, davon konnte sich jeder Zeitgenosse anhand der TV-Berichte ein Bild machen.

Unzählige Menschen mit der Persönlichkeitsstruktur Hitlers und Ceauşescus bewohnen unseren Planeten und zerstören Leben, wo sie nur können. Wir können und müssen es unmöglich machen, daß wir uns in Zukunft solchen Menschen ausliefern, weil wir heute genug Wissen besitzen *könnten*, um genau dies zu tun.

Woran kann man diese Menschen erkennen? Vor allem daran, daß sie die Versklavung des anderen als dessen Segen ausgeben und eigene Verbrechen als Handlungen zu dessen Bestem. Wenn man sich die betrügerische und manipulatorische Sprache der Erziehung vor Augen hält und weiß, welche Verheerungen sie verursachen kann, wird man sich erfolgreich gegen künftige Tyrannen wehren können, die immer, *ohne jede Ausnahme*, die Sprache der traditionellen Erziehung gebrauchen. Sie haben Erfolg damit, solange die Menschen nicht gelernt haben, die Lügenhaftigkeit dieser Sprache zu durchschauen, um sie dann in den Reden der „heilbringenden" Politiker wiederzuerkennen und abzulehnen. Die Vorstellung, daß man ein Kind quält und zugleich behauptet, dies geschehe zu seinem Besten, war in der letzten Generation noch so verbreitet, daß die absurdesten Konstruktionen des Stalinismus aller Schattierungen in den Köpfen zahlreicher Menschen einen vornehmen Platz finden konnten. Glücklicherweise konnte die jüngere Generation, die der Gewalt und den Widersinnigkeiten weniger ausgeliefert war, diese Lügen entlarven, ablehnen und „entthronen", um den Weg zu einer Demokratie vorzubereiten.

Viele bekannte Politiker und Herrscher, die für das Schicksal ganzer Nationen verantwortlich waren, sind Ceaușescu begegnet. Sie empfingen ihn mit allen Ehren, zeigten ihm Sympathie und sogar Freundschaft, und keiner schien offenbar zu merken, daß er es mit der übelsten Sorte der Gemeinheit, Verstellung und Destruktivität, lächerlichem Snobismus und Hohlheit zu tun hatte. Lag es daran, daß diese Menschen von den raffinierten Lügen und Intrigen Ceaușescus profitierten und mit ihm kollaborierten? Das mag vielleicht für viele dieser Politiker zutreffen, aber sicher nicht für alle. Doch die meisten von ihnen waren ja noch – anders als die heute jungen Politiker – Kinder der Schwarzen Pädagogik.

Die Gedanken des Mannes, der seine Abende mit dem Anschauen von Filmen über Napoleon oder von Krimiserien verbrachte, kreisten vor allem um den Wunsch, sich mit Hilfe von Menschenopfern zum „Genie des Jahrhunderts" zu stilisieren. Pläne dafür auszuhecken, war seine Tagesbeschäftigung. Laut Pacepa, dem Chef der „Securitate" bis 1973, hat Ceauşescu „im Garten, bei den Rosenstöcken", diese Pläne mit ihm besprochen, weil auch er, damals schon, die Abhörgeräte fürchtete, die er selber installieren ließ. (Vgl. Ion Pacepa, Paris 1987).

Der Bericht eines ehemaligen „Securitate"-Mannes ist sicher mit Vorbehalt zu lesen, doch was in *Horizons rouges* steht, wurde ja heute, nach der Revolution, in großem Umfang bestätigt. Es ist für den Leser dieses Buches kaum faßbar, daß alle die bekannten Politiker ausgerechnet an diesem klaren Fall Ceauşescu ihren absoluten psychologischen Analphabetismus unter Beweis stellten. Wir weigern uns, diese Fakten zur Kenntnis zu nehmen, an sie zu glauben, weil das Leben so vieler Menschen gerade diesen Politikern noch immer anvertraut ist. Wir wollen nicht, daß das, was wir da erfahren, wahr wäre. Aber es ist leider wahr. Die Kinder auf den Hungerstationen bezeugen diese Wahrheit. Ihre gequälten Gesichter liefern auch den Beweis, daß der leidenschaftliche Kampf für den „Schutz des ungeborenen Lebens" nicht unbedingt der Menschenliebe und Menschenfreundlichkeit entspringt. Er entspringt leider allzu häufig dem Haß der Ungewollten und Ungeliebten, die wie Ceauşescu als Kinder nie wirklich leben durften und die den anderen Kindern auch nur diesen Zustand des Ungeliebtseins und Ungewolltseins gönnen mögen. Diesem Haß verdanken die Kinder auf den Hungerstationen ihre Existenz. Werden sie je die Zuwendung bekommen, die sie benötigen würden, um sich nicht später für ihr grausames Schicksal an Unschuldigen zu rächen?

Das mißhandelte Kind
in den Klageliedern Jeremias

*W*ir haben große Mühe, uns die Situation des kleinen Kindes vorzustellen, das der Willkür und nicht selten dem Irrsinn des Erwachsenen total ausgeliefert ist. Dieser Irrsinn kann durchaus mit einer glänzenden Sozialanpassung der Eltern einhergehen, so daß er völlig unauffällig bleibt. Die Väter können Männer sein, die hohe Ämter bekleiden, denen weit und breit großer Respekt entgegengebracht wird und die die verdrängte Folter ihrer eigenen Kindheit mit den eigenen Kindern ausagieren. Das gleiche gilt für Frauen. Es gibt Frauen, die den Ruf einer guten Mutter genießen, aber für die Bedürfnisse ihres Kindes vollkommen blind sind, weil sie als kleine Mädchen gelernt haben, daß die Bedürfnisse des Kindes einfach nicht zählen. Sie haben nie Schutz, liebevolle Pflege, Orientierung und Zärtlichkeit von ihren Müttern erhalten und mußten die entsprechenden Bedürfnisse unterdrücken. Bei ihren Kindern sind sie also für diese Bedürfnisse blind, wenn nicht neue gute Erfahrungen mit Partnern diese Blindheit haben ausheilen lassen.

Anhand des Theaterstücks von O'Neill *Eines langen Tages Reise in die Nacht* habe ich eine Mutter beschrieben, die sich an das idealisierte Bild ihres süchtigen Vaters so fest klammerte, daß sie für diese Selbstlüge nicht nur mit der eigenen Sucht, sondern auch mit der Zerstörung ihrer drei Söhne bezahlen mußte. (Vgl. *Das verbannte Wissen*, I,6)

Wenn wir als Kind solche und ähnliche Höllen überstanden haben, möchten wir als Erwachsene nicht daran erinnert werden, wir möchten uns nicht in ein unglückliches Kind einfühlen müssen, auch wenn wir selber einmal dieses Kind waren. Aber auch wenn wir es wollen, stoßen wir zunächst auf innere Barrieren, weil wir als Erwachsene kaum jemals die Erfahrung der ungeheuren Wehrlosigkeit machen müssen, der das Kind häufig ausgeliefert ist, ohne jeden Ausweg.

Es gibt trotzdem in der Literatur, der Kunst und in den Märchen Zeugnisse dieser kindlichen Wehrlosigkeit aus der Feder von Erwachsenen, doch ohne daß diesen Erwachsenen bewußt war, worüber sie im Grunde berichteten. In *Du sollst nicht merken* habe ich zu zeigen versucht, wie die Wahrheit des mißhandelten Kindes in den Märchen und in der Dichtung immer wieder Ausdruck findet. Doch geschieht dies nur mit Hilfe von Symbolen, damit der jeweilige Dichter seine Verdrängung nicht selbst gefährdet. Er weiß daher nicht, daß seine verdrängte Realität seine schrecklichsten Phantasien noch übertrifft.

Anhand von Kafkas Romanen und Erzählungen versuchte ich zu zeigen, daß sein Unbewußtes dort die Wahrheit über seine frühe Kindheit aussprach, eine Wahrheit, die seinem Bewußtsein trotz der kritischen Haltung dem Vater gegenüber vollständig verborgen blieb. *Das Schloß* gibt Auskunft über die Situation eines unerwünschten und ständig getäuschten Kindes, *Der Prozeß* über die Qualen der unbenannten, aber ständig gegenwärtigen Schuld, die

134

Strafkolonie über den Irrsinn des Strafsystems gegen ein ahnungsloses Kind, der *Hungerkünstler* über den nie gestillten Hunger nach Beziehung, die *Verwandlung* über das Befinden eines nicht geliebten, nicht verstandenen und verwahrlosten Kindes. Am Beispiel von Gustave Flaubert, Samuel Beckett und anderen ließ sich nachweisen, daß Dichter die Möglichkeit haben, ihrer Wahrheit zum Durchbruch zu verhelfen, zumindest teilweise und in symbolischer Form, ohne sich um die dahinterliegenden Realitäten zu kümmern, d. h. auch letztlich, ohne die volle Verantwortung für das Gezeigte zu übernehmen. Daher helfen diese Zeugnisse der Wahrheit im Grunde nicht dabei, die Menschen aus ihrem gefährlichen Schlaf zu wecken.

Solche Zeugnisse finden sich nicht erst in der modernen Literatur. Die Ausübung der Macht des Erwachsenen über das wehrlose Kind, die häufig bis zum legalisierten Kindermord ging, und die Mißachtung seiner Person, die die prägende Erfahrung in den meisten, aber hoffentlich nicht in allen Kulturen ist, spiegeln sich im Schrifttum dieser Kulturen. Im Alten Testament z. B. finden wir die gleichen Muster wieder, die wir so gut aus unserer Erziehung kennen: Strafen für Ungehorsam, für Untreue, für die Anbetung anderer Götter (vgl. *Du sollst nicht merken*, S. 280 f.), Versprechen von Belohnung und Erlösung für Gehorsame, Ausbrüche von Zorn und Zerstörungswahn; auf der anderen Seite das wehrlose Kind und seine Abhängigkeit vom Erwachsenen, dessen Zornausbrüche mit Demut hinzunehmen sind, weil die Realität seiner Grausamkeit derart unfaßbar ist, daß man sie immer wieder leugnen muß, um zu überleben.

Erwachsene, die diese Ursituation ihrer Existenz vergessen haben und an ihrer Verdrängung festhalten, wissen nicht mehr, wie es dem kleinen Kind neben seinen allmächtigen, strengen und launischen Eltern erging. Aber viele dieser Menschen lesen morgens und abends Bibeltexte; sie lesen sie auch ihren Kindern vor und finden darin die Bestätigung, daß ihre Erziehung zum Gehorsam ganz und gar richtig war. Sie warten immer noch auf die Erlösung, die ihre Eltern ihnen einst versprochen haben. Wenn diese nicht kommt, so seien sie selber daran schuld, meinen sie. Sie suchen Trost in der Bibel, weil diese ihre alte Hoffnung bestätigt, daß Gott oder die Eltern doch für sie sorgen werden, obwohl die Wirklichkeit dem widerspricht. Sie hoffen, daß die erlittenen Grausamkeiten nur die gerechte Strafe für ihre eigene Bosheit sind. Die eigene Bosheit kann man aufgeben. Man kann etwas tun, um von Gott anerkannt und geliebt zu werden: in die Kirche gehen, Gaben verteilen, beten, Enthaltsamkeit üben. Aber der Gedanke, daß man von einem launischen, ungerechten und unberechenbaren Gott abhängig ist, ist unerträglich, weil man dagegen nichts tun kann. Das kann man nicht fassen und sucht die Lösung in der Illusion, im Glauben, daß im Grunde alles anders ist, als die Erfahrung zeigt und beweist. Das ist die Situation vieler Kinder. Sie versuchen mit Hilfe der Schuldübernahme sich selbst zu helfen. Sie klammern sich an die Illusion, daß sie selber etwas, irgend etwas an ihrem Zustand – mißachtet, verwahrlost, mißhandelt und betrogen zu werden – ändern können, wenn sie sich nur genug Mühe geben. Und sie geben sich Mühe, indem sie alles Erlittene zu verzeihen suchen, um endlich, endlich anerkannt und geliebt zu werden. Ich zitiere im folgenden Passagen aus den *Klageliedern Jeremias* aus dem 6. Jahrhundert vor Christus, der sich wie ein starkes, noch fühlendes und sehendes Kind gegen die Grausamkeit auflehnt und immer wieder Trost in dem Gedanken sucht, daß die Folter nur eine gerechte und notwendige Strafe für verübte Vergehen sei.

I.

12. Euch sage ich allen, die ihr vorübergeht: Schauet doch und sehet ob irgendein Schmerz sei wie mein Schmerz, der mich getroffen hat. Denn der Herr hat mich voll Jammers gemacht am Tage seines grimmigen Zorns.

13. Er hat ein Feuer aus der Höhe in meine Gebeine gesandt und es lassen walten. Er hat meinen Füßen ein Netz gestellt und mich zurückgeprellt: er hat mich zur Wüste gemacht, daß ich täglich trauern muß.

14. Meine schweren Sünden sind durch seine Strafe erwacht und in Haufen mir auf den Hals gekommen, daß mir alle meine Kraft vergeht. Der Herr hat mich also zugerichtet, daß ich nicht aufkommen kann.

15. Der Herr hat zertreten alle meine Stärken, die ich hatte; (...)

18. Der Herr ist gerecht; denn ich bin seinem Munde ungehorsam gewesen. Höret, alle Völker, und schauet meinen Schmerz. (...)

19. Ich rief meine Freunde an, aber sie haben mich betrogen. (...)

20. Ach Herr, siehe doch, wie bange ist mir, daß mir's im Leibe davon weh tut! Mein Herz wallt mir in meinem Leibe, weil ich so gar ungehorsam gewesen bin. (...)

21. Man hört's wohl, daß ich seufze, und habe doch keinen Tröster; alle meine Feinde hören mein Unglück und freuen sich; das machst du. So laß doch den Tag kommen, den du ausrufest, daß es ihnen gehen soll wie mir.

22. Laß alle ihre Bosheit vor dich kommen und richte sie

zu, wie du mich um meiner Missetat willen zugerichtet hast; denn meines Seufzens ist viel, und mein Herz ist betrübt. (...)

II

11. Ich habe schier meine Augen ausgeweint, daß mir mein Leib davon wehe tut. (...)

17. Der Herr hat getan, was er vorhatte; er hat sein Wort erfüllt, das er längst zuvor geboten hat; er hat ohne Barmherzigkeit zerstört. (...)

18. (...) Laß Tag und Nacht Tränen herabfließen wie einen Bach; höre auch nicht auf, und dein Augapfel lasse nicht ab!

19. Stehe des Nachts auf und schreie; schütte dein Herz aus in der ersten Wache gegen den Herrn wie Wasser; hebe deine Hände gegen ihn auf um der Seelen willen deiner jungen Kinder.

III

1. Ich bin ein elender Mann, der die Rute seines Grimmes sehen muß.

2. Er hat mich geführt und lassen gehen in die Finsternis und nicht ins Licht.

3. Er hat seine Hand gewendet wider mich und handelt gar anders mit mir für und für. (...)

6. Er hat mich in Finsternis gelegt wie die, so längst tot sind.

7. Er hat mich vermauert, daß ich nicht heraus kann, und mich in harte Fesseln gelegt.

8. Und wenn ich gleich schreie und rufe, so stopft er die Ohren zu vor meinem Gebet. (...)

10. Er hat auf mich gelauert wie ein Bär, wie ein Löwe im Verborgenen.

11. Er läßt mich des Weges fehlen. Er hat mich zerstückt und zunichte gemacht.

12. Er hat seinen Bogen gespannt und mich dem Pfeil zum Ziel gesteckt. (...)

14. Ich bin ein Spott allem meinem Volk und täglich ihr Liedlein.

15. Er hat mich mit Bitterkeit gesättigt und mit Wermut getränkt. (...)

17. Meine Seele ist aus dem Frieden vertrieben, ich muß des Guten vergessen. (...)

19. Gedenke doch, wie ich so elend und verlassen, mit Wermut und Galle getränkt bin.

Es ist mehr, als ein Kind fassen kann, es sucht verzweifelt nach Trost und findet diesen in der angeblich eigenen Verschuldung, in der eigenen Bosheit. Daraus schöpft es Hoffnung:

20. Du wirst ja daran gedenken; denn meine Seele sagt mir's.

21. Das nehme ich zu Herzen, darum hoffe ich noch.

22. Die Güte des Herrn ist's, daß wir nicht gar aus sind; *seine Barmherzigkeit hat noch kein Ende.*

23. Sondern sie ist alle Morgen neu und deine Treue ist groß.

24. Der Herr ist mein Teil, spricht meine Seele, darum will ich auf ihn hoffen.

25. Denn der Herr *ist freundlich dem, der auf ihn harrt, und der Seele, die nach ihm fragt.*

26. Es ist ein köstlich Ding, geduldig sein (...).

27. Es ist ein köstlich Ding einem Mann, daß er das Joch in seiner Jugend trage.

28. Daß ein Verlassener geduldig sei, wenn ihn etwas überfällt.

29. Und seinen Mund in den Staub stecke und der Hoffnung warte.

30. Und lasse sich auf die Backen schlagen und viel Schmach anlegen.

31. Denn der Herr verstößt nicht ewiglich.

32. Sondern er betrübt wohl und erbarmt sich wieder nach seiner großen Güte.

33. Denn er nicht von Herzen die Menschen plagt und betrübt.

34. Als wollte er alle die Gefangenen auf Erden gar unter seine Füße zertreten.

35. Und eines Mannes Recht vor dem Allerhöchsten beugen lassen.

36. Und eines Menschen Sache verkehren lassen, gleich als sähe es der Herr nicht.

37. Wer darf denn sagen, daß solches geschehe ohne des Herrn Befehl.

38. Und daß nicht Böses und Gutes komme aus dem Munde des Allerhöchsten?

39. Wie murren denn die Leute im Leben also? Ein jeglicher murre wider seine Sünde!

40. Und laßt uns erforschen und prüfen unser Wesen und uns zum Herrn bekehren! (...)

42. Wir, wir haben gesündigt und sind ungehorsam gewesen; darum hast du billig nicht verschont.

43. Sondern du hast uns mit Zorn überschüttet und verfolgt und ohne Barmherzigkeit erwürgt. (...)

Das Gefühl der Empörung setzt sich wieder durch:

45. Du hast uns zu Kot und Unflat gemacht unter den Völkern. (...)

47. Wir werden gedrückt und geplagt mit Schrecken und Angst.

48. Meine Augen rinnen mit Wasserbächen über den Jammer (...).

49. Meine Augen fließen und können nicht ablassen; denn es ist kein Aufhören da.

50. Bis der Herr vom Himmel herabschaue und sehe darein.

51. Mein Auge frißt mir das Leben weg.

52. Meine Feinde haben mich gehetzt wie einen Vogel ohne Ursache.

53. Sie haben mein Leben in einer Grube schier umgebracht und Steine auf mich geworfen.

54. Sie haben auch mein Haupt mit Wasser überschüttet, da sprach ich: Nun bin ich gar dahin.

55. Ich rief aber deinen Namen an, Herr, unten aus der Grube.

56. Und du erhörtest meine Stimme: ‚Verbirg deine Ohren nicht vor meinem Seufzen und Schreien!'

57. Du nahest dich zu mir, wenn ich dich anrufe, und sprichst: ‚Fürchte dich nicht!'

58. Du führest, Herr, die Sache meiner Seele und erlösest mein Leben.

59. Du siehest, Herr, wie wir so unrecht geschieht; hilf mir zu meinem Recht!

60. Du siehest alle ihre Rache und alle ihre Gedanken wider mich. (...)

64. Vergilt ihnen, Herr, wie sie verdient haben!

65. Laß ihnen das Herz erschrecken, laß sie deinen Fluch fühlen! (...)

V

19. Aber du, Herr, der du ewiglich bleibest und dein Thron für und für.

20. Warum willst du unser so gar vergessen und uns lebenslang so gar verlassen?

21. Bringe uns, Herr, wieder zu dir, daß wir wieder heimkommen; erneue unsre Tage wie vor alters.

22. Denn du hast uns verworfen, und bist allzusehr über uns erzürnt.

Nach all dem verzweifelten Kampf gegen das klare Bewußtsein des erlittenen Unrechts, nach allen Versuchen, sich die Selbstlüge der eigenen Schuld einzureden, setzt sich die einfache Wahrheit wieder durch: „Du bist allzusehr über uns erzürnt." Und damit die kindliche Bitte: „Bringe uns wieder zu dir, daß wir wieder heimkommen." Ein gezüchtigtes Kind kann, anders als ein freies, nicht jederzeit heimkommen. Es ist auf die Hilfe des Erwachsenen angewiesen.

Der Bibel-Kommentar spricht von der „Liebe des Herrn für das Volk, das er züchtigt", und schreibt: „Dieser wunderbare Abschnitt (VV, 22−27) läßt einen Ton der Hoffnung und des Vertrauens durchklingen mitten im Dunkel des Klagens im Buch. Sogar der Schmerz kann den Propheten nicht blind machen für die Treue des Herrn."

Mit solchen Kommentaren, die dem Geist der Schwarzen Pädagogik entstammen, wird die Wahrheit der Klagelieder zugeschüttet. Denn nicht die Klage führt ins Dunkel, sondern der Schmerz, die Verwirrung und die Schuldangst, die Selbstbeschuldigung. Die Klage könnte Licht und Klarheit bringen, wenn sie erhört und ernst genommen würde.

142

Was in Jeremias Klagen, unbewußt zwar und ungewollt, aber unmißverständlich zum Ausdruck kommt, ist die Realität eines gezüchtigten, d. h. mißhandelten Kindes. Dieses Kind weigert sich zu glauben, daß die Eltern, die von Liebe und Treue sprechen, zu einem erbarmungslosen Massaker fähig sind – daß *dies* die Wahrheit sei. Weil es an das, was es sieht, nicht glauben kann, ohne zu sterben, glaubt es an das Gegenteil: Es glaubt an das, was *gesagt* wird, was *versprochen* wurde, an *das Gegenteil seiner Erfahrung*, an das Wort.

Aus der Abwendung von den Fakten, aus dem Entsetzen über die Wahrheit entstanden und entstehen noch immer Religionen und Ideologien, die dem Menschen Erlösung von seinem Leiden versprechen und ihm helfen, seine Erfahrungen zu leugnen. So hat z. B. der Marxismus-Leninismus mitgeholfen, jahrzehntelang Fakten zuzudecken, die durch die Perestroika plötzlich schmerzhaft bewußt und sichtbar werden. Ohne diese neue *Sicht* war man unfähig, irgend etwas an diesen Fakten zu ändern.

Deshalb habe ich Ausschnitte aus den Klageliedern zitiert. Ähnlich wie mit Hilfe von Kafkas Werken wollte ich hier das mißhandelte Kind sprechen lassen und ließ daher die symbolische Verkleidung in den historischen Anspielungen, d. h. die Zensur der Verdrängung, weg. Ich wollte dem Leser die Annäherung an die Gefühle des gefolterten Kindes ermöglichen, das nur den einzigen Wunsch hat, daß das, was es durchmachen muß, *nicht wahr sein möge*. Es wird von Schmerzen geschüttelt, aber es klammert sich immer an den Gedanken, daß die Folter nur eine Antwort auf seine Schuld sei; daß es aus Liebe gezüchtigt wurde. Seine eigene Schuld ist ihm der einzige Trost!

Je größer die panische Angst vor den verdrängten Fakten,

vor der Rückkehr des Verdrängten, um so destruktiver und gefährlicher wütet der Fanatismus. Ob er in religiöser oder politischer Form erscheint, ist nicht entscheidend. Das eine kann leicht in das andere umschlagen, wie wir es auch heute noch immer wieder sehen können. Entscheidend ist die Verleugnung der lebenswichtigen Fakten, die beiden Formen gemeinsam und ein Charakteristikum jeder Orthodoxie ist. In den gängigen Kommentaren zu den Klagen Jeremias spiegelt sich eine Haltung wider, von der noch manche therapeutischen Methoden beeinflußt sind. Sie sprechen von der Ambivalenz des Kindes den Eltern gegenüber und sagen ihren Patienten, diese müßten die guten und die bösen Seiten ihrer Eltern akzeptieren und lieben lernen, als zwei Seiten des selben Menschen, der das Kind trotz allem im Grunde liebe. Sie sagen, nur wenn das Kind dies leisten kann: das gute und das böse Objekt zu integrieren, wenn es lernt, „auch die negativen Seiten der Eltern zu lieben", kann es „reifen" und verzeihen.

Viele Therapeuten erinnern in diesen Bemühungen, das Böse unbedingt zu relativieren, an den Gott der Schöpfung, der Adam und Eva dafür bestrafte, daß sie, nachdem sie den Apfel vom Baum der Erkenntnis gepflückt hatten, das Gute vom Bösen zu unterscheiden lernten. Es war schon damals weniger verwerflich, das Böse zu tun, als es zu sehen und eindeutig anzuklagen. Die Angst vor dieser Todsünde zeigt sich auch in den Verlautbarungen und Aktivitäten vieler Hilfsorganisationen, wie z. B. des Kinderschutzbundes, wo Kindesmißhandlungen verstanden, aber nicht verurteilt werden und wo man sich für dieses Verständnis und für gelegentliche Verschleierung der Taten beim Opfer besonders eifrig einsetzt.

Diese und ähnliche therapeutische Konzepte, wie sie auch

144

bei Familientherapeuten anzutreffen sind, gehen an der Tatsache vorbei, daß es ja umgekehrt ist, daß das Kind, genau wie es Jeremia vor 2600 Jahren zum Ausdruck brachte, auch noch die grausamsten und brutalsten Eltern liebt und an ihnen hängt, weil es auf Wunder, auf die Erlösung wartet und hofft. Diese Illusion muß es mit der gefährlichen Blindheit bezahlen, die es später an seinem Anspruch festhalten läßt, die eigenen Kinder ebenfalls grausam behandeln zu dürfen – eben *weil* es seine Toleranz den Eltern gegenüber nie in Frage gestellt hat. Doch ein Mensch, der kein Kind mehr ist, der den Mut hat zu reifen, indem er *die Wahrheit sehen will*, muß die erlittene Grausamkeit ablehnen können, *eindeutig* und *eben nicht ambivalent*, um später niemals unbewußt dem Bösen die Hand zu bieten und ihm so zum Erfolg zu verhelfen. Diese Erkenntnis ist es, die sowohl Psychoanalytikern als auch Familientherapeuten, Systemtheoretikern und vielen Sozialhelfern offenbar angst macht, weil sie die Taten ihrer eigenen Eltern in Frage stellt. Doch Jeremias Trost kann nicht der unsere sein. Wenn wir Gott oder den Eltern gegenüber diese Haltung der unendlichen Toleranz beibehalten, sind wir in Gefahr, uns Menschen auszuliefern, die uns Heil und Erlösung *versprechen*. Wir sind in Gefahr, blind dafür zu bleiben, was sie real tun.

Die erwartete Erlösung wird so lange ausbleiben, wie wir die Selbstverdammung bei unseren Kindern verursachen und nicht lernen, dies zu vermeiden. Leider geschieht es noch heute täglich, daß das Kind für seine gesunden, natürlichen Regungen und Reaktionen bestraft und beschuldigt wird, manchmal mit dem Hinweis, dies sei von Gott gewollt. Jedes Kind, das in den ersten Jahren mit Schmerzen und Ängsten überlastet wurde, die keinen physiologischen Grund hatten, wurde dadurch in die Verdammnis der Schuldangst getrieben. Seine Gefühle spiegeln wider, was man ihm vermittelt hat: „Es kann doch nur an mir liegen, daß mir solches zugestoßen ist, ich bin irgendwie nicht richtig, *ich* bin der Grund meiner Leiden."

Es gibt Kinder, die in ihrer ersten Lebenszeit unnötigen medizinisch-technischen Eingriffen und schmerzhaften Untersuchungen unterzogen wurden. Dies geschieht nicht selten, u. a., weil die eigentlichen Gründe der Symptome von den Ärzten nicht wahrgenommen werden dürfen und sie statt dessen allerlei Apparate einsetzen. Die Kinder bleiben dann häufig ohne Trost und werden allein gelassen, weil die Eltern auf die Wunder der Technik vertrauen. Ein solches Kind wird so lange verdammt sein, wird in der Furcht vor dem Unbekannten leben, bis es in einer aufdeckenden Therapie diese Verwirrung klären und so dank der langsamen Auflösung der traumatischen Elemente „Erlösung" finden kann.

III
Der Verzicht auf Heuchelei

kungsreise weiter begleiten sollte. Ungeachtet der offenkundigen Folter, sagte ihr die Therapeutin eines Tages: „Wenn Sie Ihrer Mutter nicht verzeihen, werden Sie sich selbst nie verzeihen können." Statt der Patientin zu helfen, die Schuldgefühle, die man ihr aufgeladen hatte, aufzulösen, was ja die Aufgabe der Therapie gewesen wäre, wurde ihr eine zusätzliche Forderung aufgebürdet, die diese Schuldgefühle zementieren dürfte. Doch mit einem religiösen Akt der Verzeihung werden selbstdestruktive Muster nicht aufgelöst.

Weshalb sollte diese Frau, die sich 30 Jahre lang um ihre Mutter bemühte, ihr diese Verbrechen verzeihen, nachdem die Mutter nie den geringsten Versuch unternommen hatte, einzusehen, was sie ihrer Tochter angetan hat? Als das Kind einst, erstarrt vor Entsetzen und Angst, unter dem schweren Gewicht des Onkels liegenbleiben mußte, sah es im Spiegel die Mutter an die Türschwelle kommen. Es hoffte auf Rettung, aber die Mutter drehte sich um und verschwand. Als Louise bereits erwachsen war, hörte sie die Mutter sagen, diese habe die Angst vor jenem Onkel nur in Gegenwart ihrer Kinder ausgehalten. Als die Tochter über die Vergewaltigung durch den Stiefvater mit ihr reden wollte, schrieb ihr die Mutter, sie wolle sie nie mehr sehen. Es ist für mich unfaßbar, daß sogar in einem so krassen Fall nicht offenkundig wird, wie absurd die Forderung nach Verzeihung ist, und daß dadurch ein eventueller Therapieerfolg zwangsläufig verhindert wird. Was wird damit erreicht außer der Beruhigung der Therapeutin?

Dieses Beispiel zeigt, wieviel mit einem einzigen grundfalschen, verwirrenden, aber in der Tradition gut verankerten Satz zerstört werden kann — gerade weil er uns seit den frühesten Jahren so gut bekannt ist. Es handelt sich um

153

schlimmen Machtmißbrauch, mit dem die Therapeuten ihre Ohnmacht und Angst abzuwehren pflegen. Der Patient ist überzeugt, daß der Therapeut eine solche Aussage aufgrund einer gesicherten Erfahrung macht, und glaubt der Autorität. Er weiß nicht und kann auch kaum herausfinden, daß diese Behauptung lediglich die Angst eines mißhandelten Kindes, des Therapeuten, vor seinen Eltern ausdrückt. Er kann es um so weniger, als gerade diese Aufforderung zum Verzeihen bei ihm selber ebenfalls alte Ängste mobilisiert, die ihn dazu zwingen, der Autorität zu glauben. Wie kann der Patient unter diesen Umständen seine Schuldgefühle auflösen? Er wird ja ausdrücklich in ihnen festgehalten.

Das Predigen der Verzeihung entlarvt die erzieherische Haltung einer „Therapie". Es entlarvt auch die Ohnmacht der Verzeihungsprediger, die sich seltsamerweise Therapeuten nennen, obwohl sie sich besser als Priester bezeichnen müßten. Was schließlich dabei herauskommt, ist die Fortsetzung der Blindheit, die in der Kindheit erworben wurde und die in einer wirklichen Therapie behoben werden könnte. Dem Patienten wird immer wieder gesagt, bis er es glaubt und bis der Therapeut beruhigt ist: „Dein Haß macht dich krank; du mußt verzeihen und vergessen, um gesund zu werden." Doch es war eben nicht der Haß, sondern gerade diese so nachdrücklich empfohlene Moral, die den Patienten in seiner Kindheit in die stumme Verzweiflung trieb und ihn schließlich krank machte, weil sie ihn von seinen Gefühlen und Bedürfnissen trennte.

In meiner eigenen Therapie nach der Methode J. Konrad Stettbachers (Vgl. *Wenn Leiden einen Sinn haben soll*, Hamburg 1990, Hoffmann und Campe) habe ich erfahren, daß es gerade das Gegenteil von Verzeihung war, das mir schließlich die Freiheit gab, nämlich die Auflehnung gegen erlittene Mißhandlungen, das Erkennen und Verurteilen der lebenszerstörenden Meinungen und Taten meiner Eltern und das Artikulieren meiner eigenen Bedürfnisse. Diese wurden in meiner Kindheit im Namen der guten Erziehung ignoriert, und ich lernte, sie jahrzehntelang ebenfalls zu ignorieren, um so gut und tolerant zu sein, wie mich meine Eltern haben wollten. Heute aber weiß ich: Es war schon immer mein Bedürfnis, lebenszerstörende Meinungen und Haltungen aufzuzeigen und sie zu bekämpfen, wo immer ich ihnen begegnete, und sie eben nicht zu tolerieren. Aber ich kann dies erst wirksam tun, nachdem ich das, was mir einst zugefügt wurde, gefühlt habe. Die moralische und religiöse Forderung nach Verzeihung hat mich gerade an dieser Entdeckung, weil am Fühlen der Schmerzen, gehindert.

Die Forderung nach Verzeihen hat weder mit einer wirksamen Therapie noch mit dem Leben etwas zu tun, und vielen Hilfesuchenden werden mit dieser Forderung die Wege zur Befreiung verbaut. Die Therapeuten lassen sich von der eigenen Angst leiten, der Angst des mißhandelten Kindes vor der Rache der Eltern, und von der Hoffnung, daß man mit gutem Benehmen doch noch eines Tages die Liebe der Eltern erkaufen könne. Für diese illusionäre Hoffnung der Therapeuten müssen Patienten einen hohen Preis bezahlen. Mit falschen Informationen „therapiert", können sie den Weg zur Befreiung nicht finden.

Wenn ich mich weigere zu verzeihen, gebe ich alle Illusionen auf. Ohne diese kann ein mißhandeltes Kind nicht überleben, gewiß. Aber ein erwachsener Therapeut muß es können. Dessen Patient dürfte dann fragen: „Warum sollte ich verzeihen, wenn niemand mich darum bittet?

Meine Eltern weigern sich doch, zu verstehen, zu wissen, was sie mir angetan haben, warum bemühe ich mich noch, z. B. mit Hilfe der Psychoanalyse oder der Transaktionsanalyse, meine Eltern und deren Kindheit zu verstehen und ihnen zu verzeihen? Wozu soll das nützlich sein? Wem hilft das? Meinen Eltern hilft das nicht, die Wahrheit zu sehen, und mich hindert es daran, meine Gefühle zu erleben, die mir den Zugang zur Wahrheit öffnen würden. Unter der Glasglocke der Verzeihung können und dürfen sich die Gefühle nicht frei entfalten." Solche Überlegungen sind leider in jenen Therapeutenkreisen unüblich, in denen das Verzeihen als absolutes Gesetz gilt. Der einzige Kompromiß, der gemacht wird, besteht darin, zwischen falscher und richtiger Verzeihung zu unterscheiden. Doch die sogenannte „richtige Verzeihung" wird auf jeden Fall als therapeutisches Ziel angesehen und nie in Frage gestellt.

Ich habe viele Therapeuten gefragt, weshalb sie annehmen, man müsse verzeihen, um gesund zu werden, bekam aber nie eine Antwort. Offenbar hatten sie ihre Forderung noch nie in Frage gestellt, weil sie sie für ebenso selbstverständlich hielten wie die Mißhandlungen, mit denen sie aufgewachsen sind. Ich kann mir nicht vorstellen, daß eine Gemeinschaft, die ihre Kinder nicht mißhandelt, sie achtet, sie liebevoll beschützt, die Ideologie der Verzeihung für unfaßbare Grausamkeiten entwickeln würde. Diese Ideologie ist untrennbar mit dem Gebot „Du sollst nicht merken" verbunden sowie mit der Wiederholung der erfahrenen Grausamkeiten in der nächsten Generation, die den hohen Preis für das Verzeihen ihrer Eltern bezahlt. Die Angst vor der Rache der Eltern prägt unsere „Moral".

Nur in einer langsam aufdeckenden Therapie, ohne verlogene Moral und Erziehung, kann dieser verhängnisvollen Ideologie ein Ende bereitet werden. Denn nur mit Hilfe ihrer Wahrheit können sich Überlebende der Mißhandlungen von deren Folgen befreien. Die Anstrengung, die das Verzeihen erfordert, führt sie von ihrer Wahrheit weg. Eine wirksame Therapie ist nicht die Fortsetzung der Erziehung, sondern die Aufklärung über die Verletzungen der Erziehung, deren Folgen sie auflösen kann. Sie muß dem Patienten den Zugang zu seinen Gefühlen vermitteln, und dies für die Dauer seines ganzen Lebens, weil nur dieser Zugang ihm helfen kann, sich zu orientieren und wirklich bei sich zu bleiben. Moralisierende Appelle können diesen Zugang nur versperren.

Das Kind kann den Erwachsenen entschuldigen, sofern dieser seine Verfehlungen als solche erkennen und einzugestehen vermag. Aber die Forderung nach Verzeihung, der ich überall begegne, ist eine ausgesprochene Gefährdung der Therapie. Sie ist Ausdruck unserer Kultur, in der Kindesmißhandlungen an der Tagesordnung sind und *daher* von den meisten Erwachsenen bagatellisiert werden. Verzeihung ist meines Erachtens ein „Ver-ziehen" der Realität; sie hat negative Folgen, nicht nur für den einzelnen, weil dadurch destruktive Meinungen und Haltungen verschleiert werden. Es wird ein Vorhang davorgezogen, und dadurch ist das Geschehen nicht mehr zu erkennen.

Die Möglichkeit der Wende hängt davon ab, ob es genügend wissende Zeugen gibt, die ein „Auffangnetz" für das wachsende Bewußtsein der mißhandelten Kinder bilden können, damit diese nicht in die Dunkelheit des Vergessens fallen, aus der sie später als Kranke oder Verbrecher wieder hochkommen. Aufgefangen im „Netz" der wissenden Zeugen, können diese Kinder zu bewußten Menschen aufwachsen, die *mit* und nicht gegen ihre Vergangenheit leben und die sich *deshalb* für eine humanere Zukunft werden einsetzen können.

Es gibt Menschen, die sich an der Massenflucht vor der eigenen Geschichte nicht beteiligen, die sich dem Gebot, nicht zurückzuschauen, widersetzen, die zurückzuschauen wagen und sich durch keinerlei Arroganz von diesem Vorhaben abschrecken lassen. Zu ihnen gehört J. Konrad Stettbacher, der durch die Beschreibung seiner Therapie vielen Überlebenden von Kindesmißhandlungen die Auseinandersetzung mit ihrer Vergangenheit möglich macht. In meinem Vorwort zu dieser Darstellung, die jetzt unter dem Titel *Wenn Leiden einen Sinn haben soll* erschienen ist, habe ich folgendes geschrieben:

Das Erscheinen dieses Buches ist eine gewaltige Herausforderung an alle bestehenden therapeutischen Schulen. Denn Stettbachers Therapie erbringt den Nachweis, daß es durchaus möglich ist, die Verdrängung der Kindheit in einer nicht gefährlichen und nicht verwirrenden Weise aufzuheben.

Wieviel unnötiges Leid wäre mir, meinen Kindern und Kindeskindern erspart geblieben, wenn ich dieses Buch als junger Mensch hätte lesen und damals schon das Bewußtsein über meine Kindheit hätte erlangen können. Wie viele Irrwege hätte ich mir und meinen Patienten ersparen können, wenn ich es zumindest nach meinem Studium und vor der irreführenden Ausbildung zur Psychoanalyse in die Hände bekommen hätte. Aber damals existierte Stettbachers Therapie noch nicht. Sie mußte zuerst erlitten, erprobt, konzeptualisiert und schließlich beschrieben werden und wird erst jetzt der Öffentlichkeit zugänglich.

158

Im Schmerz über das, was mir entgangen ist, tröstet mich die Tatsache, daß dieses Buch sehr vielen Menschen helfen wird, sich zu orientieren, bevor sie für sich die entscheidenden Weichen zur Ehe und Kinderzeugung gestellt haben. Aber auch Älteren wird es helfen, Wege aus ihren Fallen zu finden, die nicht destruktiv sind und ihnen ungeahnte Möglichkeiten in ihrem Inneren eröffnen werden.

Dank dieses Buches werden sie erfahren, daß entgegen Freuds Behauptungen die Realität der Kindheit durchaus erschließbar ist; ferner, daß dies nicht durch künstliche, daher gefährliche Mittel, wie z. B. LSD, Hypnose, punktuelle Geburtserlebnisse und dergleichen, geschehen soll, sondern langsam, durchaus mit Rücksicht auf die natürliche Abwehr, Schritt für Schritt, aber konsequent auf das Ziel hin: die Wahrheit über erlittene Traumen mit Hilfe der Gefühle zu finden. Denn der verletzte Mensch *ist* in der Lage, die Geschichte seiner Verletzungen aufzusuchen und deren Folgen aufzulösen.

Das ist eine revolutionäre Entdeckung, die weittragende Konsequenzen haben wird. Nach dem Erscheinen dieses Buches wird es kaum möglich sein, Opfer von Kindheitsmißhandlungen weiterhin mit abstrusen Theorien, vieldeutigen Symbolen, Meditation oder gar Medikamenten von ihrer wahren Geschichte abzulenken, außer vielleicht in einzelnen Fällen, in denen die reale Situation des Kindes so unfaßbar war, daß der Erwachsene dem Blinde-Kuh-Spiel der Theorien ausgeliefert bleibt. Diejenigen, die ihre Wahrheit erfahren *wollen*, werden von nun an wissen, daß dies *absolut möglich* ist.

Die Verdrängung half uns zwar in der Kindheit, Grausamkeit zu überleben, aber im Erwachsenenalter hindert sie uns am bewußten und verantwortlichen Leben. Die meisten Menschen wissen nicht, daß sie als Kinder verletzt wurden und daß es gerade diese Verletzungen sind, die sie daran hindern, das Leben zu achten und es zu schützen. Daher verletzen sie ihrerseits ihre Kinder und nennen offensichtliche Kindesmißhandlungen Abhärtung, Erziehung oder Sozialisierung. Die Verdrängung der ersten Erfahrungen, die dem Kind zum Überleben verholfen hat, präsentiert nun dem Erwachsenen ihre Rechnung in Form des Gebotes „Du sollst nicht merken", das er streng befolgt. Doch wir brauchen diese Rechnung nicht länger zu bezahlen, wenn wir wissen, daß es einen Weg gibt, das einst verlorene Bewußtsein wiederzuerlangen. Kein ernsthafter Therapeut kann es sich von nun an leisten, diese Entdeckung zu ignorieren.

Stettbachers Weg zur systematischen Aufhebung der Verdrängung ist ein Durchbruch zu einem redlichen Konzept der Hilfe und Selbsthilfe, ohne jegliche Spur von Pädagogik, und zugleich zu einer neuen Sicht des Menschen, zu einer Anthropologie mit ungeahnten Perspektiven. Denn sobald es genügend Therapeuten gibt, die die Dynamik der Kindesmißhandlungen aus eigener Erfahrung erkannt haben, kann der Teufelskreis der Zerstörung und Selbstzerstörung der Menschen aufgehalten werden.

Da ich diese Therapie selbst an mir erprobt habe, da ich ihre erstaunliche, ganzheitliche Wirkung im Körper, im Fühlen und Denken selbst feststellen konnte, kann ich sie jedem leidenden und hilfesuchenden Menschen vorbehaltlos empfehlen. Dies endlich tun zu können bedeutet für mich eine große Erleichterung, weil ich seit dem Erscheinen meiner ersten Bücher vor zehn Jahren ständig um Adressen von Therapeuten gebeten werde, die in Übereinstimmung mit meinen Erkenntnissen arbeiten. Ich konnte diese Bitte mit dem besten Willen nicht erfüllen, weil meine Bücher offenbar allem widersprechen, was Therapeuten noch heute lernen und praktizieren.

Erst in J. Konrad Stettbachers Konzept fand ich eine Therapie, die den Tatsachen der Kindesmißhandlungen volle Rechnung trägt, sich durch nichts darin korrumpieren, durch keine Furcht verunsichern oder blenden läßt, die nichts verbrämt, nichts verschleiert, nicht Verzeihung predigt und sich in der Funktion als Anwalt des Kindes durch nichts abhalten läßt. Der Gegensatz zu den überlieferten Meinungen und Haltungen und zur üblichen Praxis spricht aus jeder Seite seines Buches, auch wenn Stettbacher, im Gegensatz zu mir, auf jede Polemik verzichtet.

Begreiflicherweise ist die Nachfrage nach Therapeuten, die furchtlos den Patienten bis in die schrecklichsten Anfänge seines Lebens begleiten können, weil ihnen die eigenen Schrecken bereits bekannt sind, überaus groß. Demgegenüber ist ein Angebot an solchen Therapeuten meines Wissens noch kaum vorhanden. Doch die Ausbildung hat begonnen, und in absehbarer Zeit wird sich die Situation ändern.

Das Buch kann immerhin helfen, die Wartezeit als Vorbereitung zu gebrauchen und die durchaus realistische Hoffnung auf die Entdeckung der eigenen Wahrheit nicht aufzugeben. Da diese Therapie viele Möglichkeiten offenläßt, sie kreativ anzuwenden, wird deren Beschreibung zweifelos dem einzelnen helfen, im Rahmen seiner Möglichkeiten neue Entdeckungen zu machen – vorausgesetzt, er ist bereit, sich mit der Wahrheit zu konfrontieren, was auch immer diese für ihn bereithält.

Die vermehrte Anwendung der Stettbacherschen Methode wird notgedrungen auch die Praxis der Allgemeinmediziner mit der Wahrheit der Fakten konfrontieren. Es ist z. B. wissenschaftlich erwiesen, daß das Beweinen von Schmerz, Trauer und Angst nicht nur Tränen fließen läßt, sondern daß gleichzeitig auch Streßhormone ausgeschieden werden, die eine allgemeine Entspannung im Organismus bewirken. Das ist noch keineswegs mit Therapie gleichzusetzen. Immerhin wäre es jedoch eine wichtige Erkenntnis, die in die Behandlungen der Praktiker Eingang finden müßte. Doch das Gegenteil ist bisher der Fall. Dem Patienten werden Beruhigungstabletten verschrieben, damit er ruhig sei, damit er ja keinen Zugang zu den Ursachen seiner Symptome finde. Das Problem der Gesundheitspädagogik sehe ich vor allem in der Tatsache, daß die meisten Beteiligten, Institutionen und Fachleute, auf keinen Fall wissen wollen, weshalb Menschen erkranken. Diese Weigerung führt dazu, daß unzählige chronisch kranke Menschen jahrzehntelang Kliniken und Gefängnisse „bewohnen", daß Milliarden vom Staat bezahlt werden, um ein Geheimnis zu hüten. Die Betroffenen dürfen auf keinen Fall erfahren, daß man ihnen helfen könnte, die Sprache ihrer Kindheit zu verstehen, um ihr Leiden wirklich zu lindern oder sogar aufzulösen.

Wenn man den Mut hätte, sich mit den Tatsachen der Verdrängung von Kindesmißhandlungen und deren Folgen zu konfrontieren, wäre das möglich. Doch die Fachliteratur zu diesem Thema läßt diesen Mut durchweg vermissen. Allgegenwärtig sind hingegen die Appelle an den guten Willen, allerlei unverbindliche und unüberprüfbare Ratschläge und vor allem das Predigen, alle je in der Kindheit erlittenen Grausamkeiten verzeihen zu müssen.

Wenn all das nichts nützt, zahlt eben der Staat lebensläng-
lich für Pflege und Versorgung der Invaliden und chronisch Kranken, die mit Hilfe der Wahrheit gesunden
könnten.

Es ist doch bereits erwiesen, daß die Verdrängung, so sehr
sie für das Kind notwendig war, nicht das Schicksal des
Erwachsenen sein muß. Die Abhängigkeit des kleinen
Kindes von seinen Eltern, sein Vertrauen zu ihnen, seine
Sehnsucht nach Liebendürfen und Geliebtwerden kennen
keine Grenzen. Diese Abhängigkeit auszubeuten, das Vertrauen zu mißbrauchen, die Sehnsucht zu betrügen und zu
verwirren und dies alles als Erziehung zu verkaufen ist ein
verbrecherisches Tun, das täglich und stündlich aus Träg-
heit, Ignoranz und aus der Weigerung, diese aufzugeben,
begangen wird. Die Tatsache, daß die meisten Verbrechen
unbewußt begangen werden, mildert leider nicht die
verhängnisvollen Folgen, die darin bestehen, daß der
Körper des mißhandelten Kindes die Wahrheit registriert
hat, sein Bewußtsein sich aber weigert, davon Kenntnis zu
nehmen. Mit der Verdrängung der Schmerzen und der
begleitenden Umstände rettet sich der kindliche Organismus vor dem Tode, den er durch das bewußte Erlebnis des
Traumas erleiden müßte. Was bleibt, ist der Teufelskreis
der Verdrängung: Die im Körper unterdrückte, wahre
Geschichte produziert Symptome, um endlich erkannt
und ernst genommen zu werden. Doch das Bewußtsein
weigert sich, wie in der Kindheit, darauf einzugehen, weil
es *dort* die lebensrettende Funktion der Verdrängung
gelernt hat und weil ihm heute niemand sagt, daß der
erwachsene Mensch nicht am Wissen sterben müßte; daß
es im Gegenteil zur Gesundheit verhelfen würde, die
Wahrheit zu kennen.

163

Die gefährliche Botschaft der Schwarzen Pädagogik – du sollst nicht merken, was dir angetan wird – erscheint in den Behandlungen der Ärzte, Psychiater und Therapeuten wieder, die das Gedächtnis des Patienten so gründlich wie nur möglich mit Medikamenten und Theorien beeinflussen, damit er ja niemals die Gründe für seine Erkrankungen finden kann, die fast ausschließlich in den seelischen und körperlichen Mißhandlungen und den Verwahrlosungen der Kindheit liegen.

Heute wissen wir, daß Aids und die Krebserkrankungen mit einem starken Abfall der Immunabwehr einhergehen und daß dieser körperlichen „Resignation" der Verlust der Hoffnung des erkrankten Menschen vorausgeht. Es ist erstaunlich, daß kaum jemand hier den Schritt macht, den diese Entdeckungen nahelegen. Der Mensch kann die Hoffnung wiedererlangen, wenn seine Notsignale endlich gehört werden. Wenn seine verdrängte, verborgene Geschichte endlich bewußt wahrgenommen wird, kann sich auch sein Immunsystem regenerieren. Aber wer soll ihm dabei helfen, wenn alle „Helfer" ihre eigene Geschichte fürchten? So spielen wir miteinander das Blinde-Kuh-Spiel, Patienten, Ärzte, Behörden, weil bisher nur wenige die Erfahrung gemacht haben, daß das emotionale Zulassen der Wahrheit *die unabdingbare Voraussetzung* der Heilung ist. Der Mensch kann auf Dauer, auch körperlich, nur im Bewußtsein seiner Wahrheit funktionieren. Die traditionelle, verlogene Moral, die destruktiven Interpretationen von Religionen, die Mißverständnisse in der Erziehung erschweren diese Erfahrung und verhindern das Wagnis. Die pharmazeutische Industrie profitiert zudem zweifellos von unserer Verzagtheit und Blindheit. Aber uns wurde nur ein einziges Leben geschenkt und ein einziger Körper, der sich nicht zum Narren halten läßt und der unbedingt darauf besteht, nicht von uns betrogen zu werden.

Wenn eines Tages das Geheimnis unserer Kindheit kein Geheimnis mehr sein müßte, könnte der Staat die Summen sparen, die er dafür einsetzt, um die Blindheit der Menschen in Krankenhäusern, psychiatrischen Kliniken und Gefängnissen zu erhalten. Daran zu denken, daß dies wissentlich geschieht, erscheint als fast zu ungeheuerlich. Die Finanzen könnten dafür eingesetzt werden, Menschen zu helfen, die sie krank machenden Verdrängungen aufzuheben, die Geschehnisse ihrer Kindheit zu erkennen und deren Folgen aufzulösen, damit sie ein bewußtes, verantwortungsvolles Leben führen können. Denn Menschen, die *wissen und fühlen*, was in ihrer Kindheit geschah, werden niemals sich selbst oder andere schädigen wollen. Sie werden das Leben beschützen und es nicht zerstören wollen, weil es unser biologischer Auftrag ist, zu leben und Leben zu beschützen.

Wir haben leider keinen Grund, auf unsere Tradition der Kinderfolter und Kindertötung stolz zu sein, denn wir verdanken ihr unseren Zynismus und unsere Gleichgültigkeit dem Leiden der Kinder gegenüber, wie ich sie in diesem Buch aufgrund verschiedener Beispiele dargestellt habe. Wir verdanken ihr auch unsere Blindheit für die Tatsache, daß wir mit dieser von der Tradition bejahten Grausamkeit folgende Generationen und schließlich die Menschheit zerstören. Es ist daher höchste Zeit, daß wir es wagen, uns an den Fakten und an unserer Erfahrung der Fakten zu orientieren und das zerstörerische Erbe ablehnen, auch wenn es bisher in hellem Glanze erschien.

Für den Schutz
des *geborenen*
und *gelebten* Lebens

*T*rotz der vielen Öffnungen zur Wahrheit, die 1989 unerwartet möglich wurden, schließt dieses Jahr in Deutschland mit einem erstaunlichen, sehr bedenklichen Ereignis. In zahlreichen katholischen Kirchen haben 15 Minuten lang die Glocken geläutet, um den Gläubigen klarzumachen, daß die Abtreibung eine große Sünde sei. Das erinnert uns mitten in der Freude über den Abbruch der Berliner Mauer und über die wachsende Klugheit der Jugend an das pure Mittelalter, dem ja viele Erkenntnisse von heute noch unbekannt waren und das an diesem Wissen auch gar nicht interessiert war. Die Glocken wurden noch nie geläutet, um Menschen von Kindesmißhandlungen abzuhalten, sie wurden nie geläutet, als Hitler Massendeportationen in ganz Europa veranstaltete und als Stalin Millionen umbringen ließ, obwohl die Kirchen im Ausland Stalin nicht zu fürchten brauchten; sie haben auch nie geläutet, als Ceauşescu sein Volk quälte und sich der Kinder bediente, um sie zu Männern der „Securitate" zu erziehen, die später auf Kinder schossen. Aber sie läuteten jetzt eine ganze Viertelstunde, *um zu erreichen, daß noch mehr unerwünschte Kinder zur Welt kommen!* Man fragt sich verwundert: Ist es möglich, daß die Initiato-

166

ren dieser Aktion wirklich so ahnungslos sind? Wissen sie nicht, daß *volle 100 Prozent* der schwermißhandelten Kinder unerwünschte Kinder waren? Wissen sie nicht, was daraus entstehen kann? Wissen sie nicht, daß Eltern gerade in den Mißhandlungen Rache an Kindern üben, die sie nie haben wollten? Müßten die Verantwortlichen angesichts dieser Information nicht alles daransetzen, daß nur diejenigen Kinder auf die Welt kommen, die erwünscht, erwartet und geliebt werden? So könnten wir dem Entstehen und Fortleben des Bösen in unserer Welt ein Ende setzen. Einer Frau, die keine Mutter werden will, die Mutterrolle aufzuzwingen, ist ein Vergehen gegen die menschliche Gemeinschaft, weil sich dieses Kind möglicherweise einmal in krimineller Art dafür rächen wird, wie die vielen Ver-Führer, die unser Leben bedrohen. Das *geborene* Leben muß von uns geschützt werden, immer und überall, es darf niemals einer abstrakten Idee geopfert werden.

Nur wenige Menschen sind fähig, konkret und real zu denken. Den anderen bleibt dann nur der Glaube. Sie vertrauen in ihrer Schwäche auf die „Reliquien" und warten darauf, daß ein Stärkerer die Er-lösung bringt. Wer sich diesen Schwachen gegenüber als starke und wissende Autorität ausgibt und behauptet, etwas zu ihrem Wohl zu tun, hat die Pflicht, sich über die entscheidenden Fakten zu informieren. Wenn er dies nicht tut, wenn er diese Pflicht vernachlässigt oder ignoriert und statt dessen seinen nachweisbaren Mangel an Information und seine abstrakten Vorstellungen vom „Leben" als gottgewollt und menschenfreundlich ausgibt, handelt er destruktiv, weil er die Schwäche und das Vertrauen der Gläubigen mißbraucht und diese auf gefährliche Weise verwirrt.

Darüber hinaus geht es bei der Warnung vor der Abtreibung um viel mehr: Es geht um die bewußte oder unbewußte Unterstützung von Grausamkeit gegen Kinder und um aktive Mitwirkung am Entstehen von unerwünschten Existenzen, die leicht zu einer Gefahr für die Allgemeinheit werden können.

Angesichts der Leidenschaft, mit der katholische Geistliche – gewollt kinderlose Männer – gegen die Abtreibung kämpfen, muß man sich fragen, welche Motive sie antreiben. Geht es darum, zu beweisen, daß das ungelebte Leben, wie vielleicht das eigene Schicksal, wichtiger und wertvoller ist als das gelebte? War das etwa die Meinung der Eltern von leidenschaftlichen Abtreibungsgegnern, obwohl sie sie anders formuliert haben? Oder geht es darum, anderen das Schicksal zu bescheren, das einem selber widerfahren ist? Beides ist möglich, und beides ist gefährlich, wenn es im Dunkel der eigenen Verdrängung zu destruktiven und blinden Aktionen treibt.

Es ist nicht erstaunlich, daß gerade die Opfer *und* Verfechter von Gewalt und Härte in der Erziehung immer wieder ihre große Liebe zum ungeborenen Kind, d. h. zum Keim des Lebens, bekunden. Die Abtreibung kann eben auch als das stärkste Symbol für den Seelenmord bzw. die seelische Verstümmelung angesehen werden, die die Menschen seit Jahrtausenden an Kindern verüben, indem sie sie schlagen und demütigen. Aber das Übel nur auf der symbolischen Ebene zu bekämpfen, lenkt von der Realität ab, der auf keinen Fall länger ausgewichen werden darf. Es ist die Realität der geschlagenen und gedemütigten Kinder, die später, infolge ihrer geleugneten und unaufgelösten Verletzungen, zur offenen oder mit Hilfe der Heuchelei verschleierten Gefahr für die Gesellschaft werden.

Die bereits geborenen Kinder müßten mit oder ohne die Hilfe der Kirchen unter Erwachsenen leben können, denen es gesetzlich eindeutig verboten ist, Kinder zu schlagen. Solange ein solches Gesetz noch gar nicht besteht, ist der „Schutz des ungeborenen Lebens" nicht nur eine Verhöhnung der Menschlichkeit, sondern ein Beitrag zur Zerstörung unseres Planeten.

Es gibt nur wenige Länder in Europa, in denen es Eltern verboten ist, ihre Kinder zu schlagen: Schweden, Dänemark, Norwegen, Finnland und seit kurzem auch Österreich. Die wichtigen europäischen Länder, wie Frankreich, Großbritannien und die Bundesrepublik, weigern sich immer noch, ein solches Gesetz zu verabschieden. In ihren Argumenten benutzen sie die altbekannte Sprache der Erziehung, die vorgibt, es sei „im Interesse des Kindes", *kein* solches Gesetz zu haben. Unter anderem wird sogar behauptet, daß Kindesmißhandlungen zunehmen würden, wenn den Eltern eine Anzeige drohte. Ich habe im *Verbannten Wissen* die Motive und Gründe solcher Argumente anhand eines Schreibens von professionellen Helfern (vgl. S. 163 ff.) ausführlich analysiert und werde hier nicht erneut darauf eingehen. Statt dessen möchte ich darauf hinweisen, daß die zehnjährige Erfahrung in Schweden genau das Gegenteil dieser Argumente beweist. Das vor zehn Jahren eingeführte Verbot der körperlichen Züchtigung hat einen Prozeß in Gang gebracht, der irreversibel ist und der Schweden deutlich von den großen Ländern Europas unterscheidet. Es ist diesem Gesetz zu verdanken, daß im Bewußtsein der schwedischen Bevölkerung das Schlagen von Kindern eindeutig als ein Verbrechen, als eine kriminelle Tat angesehen wird, was es ja auch ist. Das heißt nicht, daß mit diesem gesetzlichen

Verbot Kriminalität beseitigt werden konnte, es heißt jedoch, daß nur eine kleine Minderheit aus Ignoranz die Entstehung von Kriminalität fördert. In Schweden gibt es z. B. eine religiöse Sekte, die zum Schlagen der Kinder aufruft und sich dabei durch die Bibel legitimiert. Doch in der breiten Bevölkerung wird diese Bewegung keine Anhänger finden, denn mit ihren Parolen profiliert sich diese Sekte in den Augen der bewußten Menschen als ein destruktives Element.

Ganz anders ist es in den großen Ländern Europas, wo sich nur eine Minderheit gegen die Mißhandlung von Kindern engagiert, während die Mehrheit des Volkes aufgrund einer langen Tradition davon überzeugt ist, daß dies der Weg sei, Kinder erfolgreich zu erziehen. Peter Newel, der Gründer der Organisation *Eppoch,* berichtet in seinem Buch *Children Are People Too* (London 1989), daß in Schweden seit der Einführung des Verbotes, Kinder zu schlagen, nur eine einzige Verurteilung eines Vaters (zu einer kleinen Geldstrafe) registriert wurde. Auch wenn diese Information vielleicht durch andere ergänzt werden müßte, scheint es doch absolut logisch, daß ein Delikt weniger häufig vorkommt, wenn es verboten, als wenn es erlaubt ist. Weshalb verschließen sich die Verantwortlichen dieser einfachen Logik noch 200 Jahre nach der Proklamation der Menschenrechte? Weshalb ist es nicht verboten, ein wehrloses Kind zu schlagen, wenn es doch eindeutig strafbar ist, einen erwachsenen Menschen zu schlagen, der sich ja immerhin noch wehren kann? Wie viele Argumente brauchen wir noch, um diese inhumane Praxis eindeutig zu verurteilen?

Auch wenn die meisten Verantwortlichen nicht wissen und nicht wissen wollen, daß ihre Weigerung, dieses Gesetz anzunehmen, zum Anwachsen der Kriminalität, des Terrorismus, der Drogensucht, zahlreicher psychischer Krankheiten und zum Fortbestehen der Ignoranz beiträgt, müssen sie sich zumindest der unbestrittenen Tatsache stellen, daß Kinder Menschen sind und das Recht haben, nicht geschlagen zu werden – wie jeder erwachsene Mensch auch. Daher ist anzunehmen, daß Peter Newels Gesetzesinitiativen auch auf Frankreich und Deutschland übergreifen werden und damit endlich die verantwortungslose Ignoranz und Komplizenschaft beim schwersten Verbrechen der Menschheit aufhören würden.

Ich teile Newels Auffassung, daß die Änderung der Gesetzgebung eine epochale Bedeutung hätte. Sie wird Opfer von Kindesmißhandlungen endlich von ihrer quälenden und lähmenden Schuldangst befreien, aus der heraus sie später zu Verfolgern werden. Indem das Gesetz die kriminellen Taten der vergangenen Generationen *eindeutig* verurteilt, klärt es die nächste Generation auf und hilft ihr, die Schuld der Ahnen nicht blind zu wiederholen. Damit ändert sich bereits das Verhalten der Eltern.

Erst wenn das Gesetz eindeutig das Verbrechen der Kindesmißhandlung verurteilt und es z. B. mit Geldstrafen belegt, kann auch eine Wende im öffentlichen Bewußtsein erwartet werden. Auch wenn nicht alle Verbrechen damit abgeschafft sein werden, beseitigt werden auf jeden Fall alle Nischen in den Köpfen der Menschen sein, aufgrund derer dieses Verbrechen immer noch Erziehung, Sozialisierung u. ä. genannt werden kann. Ein solches Gesetz wäre eine wichtige Zäsur, es würde den Beginn eines Prozesses hin zur Humanität markieren, der die notwendigen Voraussetzungen für ein *grundsätzliches* Umdenken schaffen würde.

Der Horror von Hitler und Stalin, ihre Taten und Ideologien, die sich in meiner Jugendzeit über ganz Europa wie eine grauenhafte Pest ausbreiteten, lehrte mich zu realisieren, welchen Preis die Menschen für ihre Blindheit bezahlen oder andere bezahlen lassen und daß angesichts der Zahl der Opfer diese Blindheit nicht länger zu verantworten ist. Das gleiche konnte die heutige Jugend am Beispiel Ceauşescus lernen, vor allem, daß Diktatoren, haben sie sich erst einmal etabliert, gerade mit Hilfe der heutigen technischen Mittel ihre Macht lange erhalten und ohne große Opfer kaum gestürzt werden können. Nur unter den günstigsten Voraussetzungen, die dank Gorbatschows Mut, Fakten zu sehen, geschaffen wurden, gelang den Rumänen die Befreiung von einer absurden und lebenszerstörenden Staatskonstruktion, die einen einzigen Verirrten vor seinen aus der Kindheit stammenden Ängsten retten sollte und es nicht vermochte.

Es bleibt uns heute die Aufgabe, vorzubeugen und die Zukunft unserer Kinder nicht dem Glück zu überlassen. Das kann nur geschehen, indem wir die Ursprünge solcher Situationen, wie sie das rumänische Volk zwanzig Jahre lang ertragen mußte, zu verstehen und zu vermeiden suchen. Wir müssen alles daransetzen, damit ähnliche Situationen nicht mehr entstehen können, weil sie *angesichts des heutigen Wissens nicht mehr zu entstehen brauchen.* Wenn die Schweigemauer, die die Kindheit umgibt, einmal vollständig abgebrochen ist, wenn Menschen sich in der Presse und in Fachliteratur oder in der aufdeckenden Therapie, aufgrund selbst gemachter Erfahrung, darüber informieren können, wie wahnhafte Rachephantasien und Rachegier entstehen, und ein Gesetz zum Verbot von Kindesmißhandlungen verabschieden, werden sie aufhören, dabei mitzuhelfen, daß aus Ignoranz die Saat der Verbrechen aufgeht.

Dann wird für die Allgemeinheit endlich *sichtbar*, daß der Mensch bereits als ein hochsensibles Wesen auf die Welt kommt und von Anfang an das Gute und das Böse lernt; es schneller und effektiver lernt als jemals in seinem späteren Leben. Erst dann werden die Menschen mit Entsetzen feststellen, *was* diese kleinen, überaus empfindsamen Wesen so nachhaltig gelernt haben, als sie von ihren Eltern, unseren Vorfahren, häufig wie lebloses Material behandelt wurden, das diese zu brauchbaren Dingen formen wollten. Sie hatten auf diese Wesen wie auf ein Stück Metall so lange eingeschlagen, bis sie einen gehorsamen Roboter erhielten, den sie gebrauchen konnten, und produzierten auf diese Weise spätere Tyrannen und Kriminelle. Die Produkte dieser Prozedur, denen es gelungen ist, trotz der destruktiven Behandlung einen sehr kleinen Teil ihrer Möglichkeiten zu retten, haben ihr Leben lang behauptet, die Prügel hätten ihnen nicht geschadet, weil sie nicht wußten, wie sehr diese sie verstümmelt hatten. Viele wissen auch heute noch nicht, daß sie Tausende von Möglichkeiten eingebüßt haben, als ihre Seele, d. h. auch ihre Fähigkeit wahrzunehmen, verstümmelt wurde. Erst die Kindeskinder dieser Menschen, die freier aufgewachsen sind, werden dies in vollem Ausmaß realisieren und dank ihres Bewußtseins und ihres Wissens über die vergangenen Verbrechen solche in Zukunft vermeiden wollen und können. Sie werden auch alles dransetzen, um mit Aufklärung der Blindheit entgegenzuwirken, im Wissen darum, daß es diese Blindheit ist, die verantwortungslosen Ignoranten zu höchster Macht verhelfen kann.

Literaturverzeichnis

Davis, Glenn, *Childhood and History in America*, Psychohistory Press, New York 1976

Fest, Joachim C., *Hitler*, Propyläen, Berlin 1973

Fliess, Robert, *Symbol, Dream and Psychosis*, International University Press, New York 1973

Höß, Rudolf, *Kommandant in Auschwitz*, hrsg. von Martin Broszat, dtv, München 1963

Miller, Alice

(1979) *Das Drama des begabten Kindes*, Suhrkamp, Frankfurt/M.

(1980) *Am Anfang war Erziehung*, Suhrkamp, Frankfurt/M.

(1981) *Du sollst nicht merken*, Suhrkamp, Frankfurt/M.

(1985) *Bilder einer Kindheit*, Suhrkamp, Frankfurt/M.

(1988a) *Der gemiedene Schlüssel*, Suhrkamp, Frankfurt/M.

(1988b) *Das verbannte Wissen*, Suhrkamp, Frankfurt/M.

Newel, Peter, *Children Are People Too*, London 1989

Pacepa, Ion, *Horizons rouges*, Presse de la Cité, Paris 1987

Siegert, Heinz, *Ceaușescu. Management für das moderne Rumänien*, Bertelsmann, München 1973

Stettbacher, J. Konrad, *Wenn Leiden einen Sinn haben soll*, Hoffmann und Campe, Hamburg 1990

Toland, John, *Adolf Hitler*, Lübbe, Bergisch-Gladbach 1977

Wisechild, Louise, *The Obsidian Mirror*, Seal Press, Seattle 1988